Thinking At the Edge

漠然力で考える

ゆくてをつかむ T A E 思考法

得丸智子

ミズノ兎ブックス
mizunoto books

"THINKING AT THE EDGE（エッジで考える）"
（ドイツ語では "WO NOCH WORTE FEHLEN"
まだことばがないところ）は、何か言いたいけ
れども、最初は漠然とした "からだの感じ" と
してだけあるものを、新しいことばで明瞭に表
現するための系統だった方法である。

（Eugene T. Gendlin「TAE 序文」2004，筆者訳）

EXERCISE part 漠然力を強化する

全身感覚で「ばくぜん」を感じる

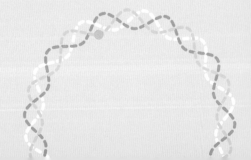

SYSTEMATIC part 働く私の「ゆくて」をつかむ

状況全体の不明瞭な部分に注意を向けよ

状況全体の不明瞭な部分に注意を向けなければいけない。多くの人々は、その方法を知らない、あるいは、それが可能であることさえ知らない。(『プロセスモデル』2023, p.341)

はじめに

漠然力で考える T A E 思考法

本書では、心理学と哲学の出会いから生まれたTAE（Thinking At the Edge）をベースに、**漠然力**を使って「ゆくて」をつかむ思考法、TAE思考法を紹介します。

全身感覚を使って思考する

TAE思考法は、全身感覚を使って思考するアプローチです。AI時代の今だからこそ、人間の身体のもつ能力を見直したいものです。

その能力を活用する思考法の1つとして、TAEを多くの人に知ってもらいたいと思います。本書では、とくに仕事をもつビジネスパーソンに向けて、TAE思考法の理論的背景と誰でも今日から実践できる具体的方法を提示します。

日々忙しく働いていると、身体が感じているわずかな感覚をキャッチしたり、もやもやとあいまいで、ばくぜんとした感覚にとどまることは、なかなか難しいでしょう。そんなビジネスパーソンのみなさんに少し立ち止まって、全体の感覚、全身感覚に注意を向けていただきたいと思います。

TAE思考法は以下のような人にとくにおすすめします。

• 働きがいや生きがいを感じられない、感じる暇がない
• もっと自分らしく働きたい

- オリジナルでユニークなアイデアや発想を生み出したい
- キャリア形成の展望がもてない、迷いや不安がある
- やる気はあるのに、成果がいまひとつ感じられない
- 仕事中、もやっとして、ことばにできないことがある

　自信をもち、自分らしく生き生きと働きがいを感じながら働きたいという願いにTAE思考法は応えることができます。
　あらゆるビジネス場面で、全身感覚をもっと大事にしてほしいとの願いを込めて、本書をビジネスパーソンのみなさんに贈ります。

あいまいなまま全身感覚で抱える漠然力

　TAE思考法の鍵となる**漠然力**とは、ものごとを決めつけず、あいまいなまま、全身感覚で抱える能力です。誰でももっていますが、効果的な使い方はあまり知られていません。TAE思考法は**漠然力**をフルに使って「ゆくて」をつかみます。

もやもやをはっきりさせていく

　「ゆくて（行く手）」は、「行く先」「進んでいく方向」という意味です。「ゆくてをはばむ」「ゆくてをさえぎる」など、ネガティブな表現とともに使われることが多い語です。しか

し、本書ではあえてポジティブに、「進んでいく方向をつかむ」の「方向」の意味で使います。「つかむ」は「自分のものにする」という意味ですが、すでにあるものを手に取るのではなく、形がはっきりしないものを手探りで手中におさめる、手の力を加えるにつれ、はっきりしなかったものがはっきりしてくるというニュアンスで使います。

「そうだったのか」と腑に落ちる感じです。不明瞭なものに注意を向け、もやもやしているものをはっきりさせていくというイメージをもってもらえるといいと思います。

ところで、「ゆくて」はなぜ、「はばむ」「さえぎる」などネガティブな表現とともに使われることが多いのでしょうか。それはおそらく、なくなってはじめて気づくものだからでしょう。呼吸と空気のような関係で、普段は当たり前すぎて、あることに気づかないのです。私たちは生きているかぎ

り呼吸をしていて、そこには空気があります。しかし、空気に気づくことはほとんどありません。同様に、生きているかぎり「生き続ける方向」に進んでいるのですが、普段はそれにほとんど気づきません。

「あるのに気づかない」ものがリアルに感じられるようになる

TAEは、**漠然力**を使って「ゆくて」をつかむ思考法です。「あって当たり前」の「生き続ける方向」に気づかせてくれ、進みたい方向と、現に自分がそこへと進んでいることが、一体のものとして感じられます。やっていることの意味がわかるので、やりがいが感じられます。

やりがい、働きがい、生きがい、、、を感じる日々に

「かい（甲斐）」を辞書で引くと、「労力を費やしたなりの効果や対価、満足感などが得られる様子」とあります。何がどれくらいあれば「満足感」が得られるのかは人によって違うでしょう。重要なのは当人が、表層的な自己満足ではなく、心底から「満ち足りた感じ」を得ているかどうかです。

TAE思考法は、そこにまっすぐに働きかける方法です。この方法をマスターすれば、「生きがい」「やりがい」「働きがい」、、、あるのに気づかない、つかめそうでつかめない、そ

の感覚が、生き生きとリアルに感じられるようになります。

　本書では、その具体的方法を紹介します。就職、転職、昇進、、、といった節目で、また、悩みを抱えたとき、自分はどうなりたいのか、何がしたいのか、どう進むべきか、悩んだときなど、本書のTAEワークを試してみてください。前向きな気持ちで、実際に成果を上げながら、「生きがい」「やりがい」「働きがい」、、、を感じる日々があなたを待っています。

心理技法「フォーカシング」を思考法に応用

　TAEは心理技法「フォーカシング」の開発者として知られるユージン・ジェンドリンが、長年のパートナーであるヘンドリクスとともに編み出しました。ジェンドリンは、カウンセリングの父カール・ロジャーズのもとで心理学者として頭角を現し、シカゴ大学で心理学を教える傍ら、哲学研究を継続し「暗在性の哲学」を提唱しました。

身体の内側に注意を向ける

　フォーカシングは、カウンセリング研究から生まれた心理技法です。師のロジャーズとの共同研究を通じ、改善がみられるクライエントに共通する特徴が、身体の内側に注意を向けて何かをさぐるような行為であることを見出したジェンド

リンが、それを日常生活で使える心理技法としてアレンジしたのが、フォーカシングです。

TAEは、随所でフォーカシング、つまり、身体の内側に注意を向ける行為を繰り返します。内側から感じられる身体全体の感覚が全身感覚です。TAEはフォーカシングを思考法に応用したものです。

実践と理論の両方を一体のものとして提示

哲学研究の面では、ジェンドリンは自らの哲学の由来について、ディルタイ、フッサール、サルトル、メルローポンティー、ハイデガー、ヴィトゲンシュタイン、ホワイトヘッド、マッキオンなどの名前をあげます。そして、

> ある困難に関する私の認識はとてもヨーロッパ的であるが、しかし状況、実践、行為、フィードバック、移行、発展を私が強調するところはとても北米的である。(『プロセスモデル』 2023, p.421)

と述べています。

ジェンドリンの哲学は、ヨーロッパ哲学の伝統と北米のプラグマティズム、さらには、長きにわたるセラピストとしての経験が合わさった成果です。まさに心理学と哲学の交差点で生まれたといえます。

ジェンドリンは、「生きるための具体的方法」と「その方法が効果的である根拠」を一体のものとして提示しようとしています。本書は具体的な方法とその背景にある哲学を、わかりやすく、取り組みやすい形にアレンジしました。

AI時代に全身感覚を使って思考する

　TAEは思考法ですが、脳の働きである認知の仕方にアプローチするのではなく、身体全体を使って思考するアプローチです。身体の全身感覚をたよりに思考していきます。

人間の身体を使った思考が求められている

　AI時代が到来し、さまざまな分野でAIが台頭しています。このような時代だからこそ、生きている人間の身体を使った思考が求められています。

　ジェンドリンは、私たちの身体は、生きている限り、自らが進むべき方向を知っているのだといいます。現に「生きている」のだから、次の瞬間をどう生き延びるかを知っているはずだというわけです。

　ただし、知っているといっても、明確な知識の集積として何かを知っているのではなく、むしろ、あいまいで、ぼんやりと、ばくぜんとしたまま知っているのだと考えました。

「あいまいで、ぼんやりと、ばくぜん、、、」（以後、「ばくぜん」で代表させ、ひらがなで表記します）としているのには理由があります。私たちの身体をとりまく状況は絶えず変化しているので、「これだ」と決めつけてしまうと、生きにくくなるからです。むしろ「ばくぜん」としておいて、最終的に、その時その場の状況に合わせて「これだ」と決めるほうが生きやすいのです。

全身感覚と相談しながら「ゆくて」をつかむ

　平日の昼休みにランチをとると想像してみてください。「あそこのあれでなければならない」となると、なかなか大変です。それよりも、どの店にするか、だいたい「あたり」をつけ、その店や近所の店の混み方をみたり、メニューや値段をみたりしながら「これにするか」と決めていくほうが、断然、楽です。

　おおげさに思えるかもしれませんが、この「あたりをつける」の「あたり」も「ゆくて」の一種です。そこには、「どうしたいか」「どうありたいか」の全体が含まれています。

　食べ物の味や財布の中身だけではありません。その店で過去に食事をした経験、栄養バランスの知識、一人で食べるのか連れがいるのか、いるならその人の気持ちはどうだろうか、休憩時間中に仕事に戻れるだろうか、午後からの仕事の忙しさ、、、数えあげればキリがありません。人生すべてが含

まれているといってもいい過ぎではないでしょう。

　私たちは、その感覚と「相談」しながら、その時、食べるものを決めています。「生き続ける」方向を選択しているのです。

身体は「ばくぜん」と 生き続ける方向を知っている

　私たちは（当然ですが）身体レベルで食べられるものと食べられないものの区別を知っており、財布の中身や、店選びの基準も知っています。それらは「ばくぜん」としていますが、たどっていくと実にさまざまなことにつながっています。これは「ゆくて」です。

　そして身体は、食べてもまたお腹が空くことも知っています。生きている限り「食べること」は続きます。これも「ゆくて」です。

　「食べること」は1つの例で、私たちが生きていくプロセスは、究極的には、これと同じだというのが、ジェンドリンの主張です。

　生きている身体は、生き続ける方向（「ゆくて」）を「ばくぜん」と知っており、状況に応じて「これ」と定めながら生きています。「これ」が定まると同時に「新しいばくぜん」ができるというふうに、プロセスが続いていきます。

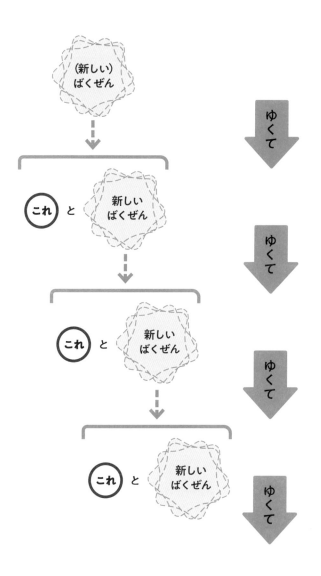

「働きがい」を感じながら
働くために

　例えば、「働くこと」の「ゆくて」も身体が知っています。どう働けばよいか、どう働きたいのか、日々「ばくぜん」から「これ」とつかみながら働いているはずです。「働きがい」が感じられないと思うときは、「これ」がつかみきれていないのかもしれません。

　漠然力を効果的に使えば、「これ」がつかみやすくなります。「ゆくて」（生き続ける方向）を捉え、「これ」と明確にすることができれば、私たちはより力強く、「働きがい」を感じながら生きられるのではないでしょうか。

　TAE思考法は、それを可能にする方法です。

研修などでペアやグループでおこなうのも効果的

　これから紹介していくワークは、一人で取り組むこともできます。研修などでペアやグループになり、おこなうのも効果的です。

　キャリア形成やメンタルヘルスの研修など、さまざまな場面でTAE思考法を取り入れていただきたいと思います。導入するメリットをいくつか紹介します。

●ビジネスパフォーマンスが向上する

　働きがいを実感できるので、社員一人ひとりのビジネスパ

フォーマンスが向上します。それは、企業にとってもっとも大事なことといっても過言ではないでしょう。転職、起業が当たり前になっている中で、離職予防にもつながります。

●不安が軽減し、元気づけられる

もやもやしているものをはっきりさせていくので、心理的な不安を軽減することができます。カウンセリング技法であるフォーカシングを応用していますから、エネルギーが低下していたり、心が疲れていたり、やる気がなくなっている人を元気づけることもできます。

●クリエイティブな発想が生まれる

TAE思考法は、自分の身体感覚（全身感覚）をたよりにするので、極めてオリジナリティがあり、クリエイティブです。一人として同じ人がいないように、1つとして同じ考え、アイデアはないのです。新しいアイデアや発想を生み出したいときも活用してほしいと思います。

●AI時代に人間の強みを活かす

AIには身体がありません。全身感覚を「この感じ」と自ら感じられるのは人間だけといってもいいでしょう。人間の強みを活かすことは、AIがますます台頭することが予想されるビジネスの世界で重要になってくるでしょう。人間のもつ強みを活かすために、TAE思考法を身につけることは、時代に求められていることだと考えます。

両方の方が大きな力が生まれる

物質的なものと人間的なもの……両者の間に距離はある。しかし、どちらか一方を放棄するよりも両方一緒の方が、はるかに大きな力が生まれる。(『プロセスモデル』2023，p.418，一部筆者改訳)

EXERCISE

part

漠然力を強化する‥全身感覚で「ばくぜん」を感じる

「ばくぜん」を
全身感覚で感じとる

　TAE思考法は、**漠然力**（たえ）を使って「ゆくて」をつかむプロセスです。

漠然力を使って気づかれにくいものを逃さずキープ

　では、どのようにすれば「ゆくて」をつかむことができるのでしょうか。「はじめに」で述べたように、「ゆくて」はあえて「ばくぜん」とした形で存在しています。そのため、最初は「ばくぜんとした全身感覚」としてしか気づかれません。それは多くの場合、微妙で、ささやかで、気づかれにくいものです。

　しかし、それは誰でも感じたことがある感覚です。みなさんも、うまくことばにできず、もやもやしてしまった経験があるでしょう。まさにその感覚です。多くの場合、その感覚は、いつのまにか消えてしまいます。少なくとも、消えたかのようにまぎれてしまい、感じられなくなってしまいます。

　「ゆくて」をつかむためには、その「ばくぜん」とした全身感覚を感じとり、逃さないように、しばらくキープしておくことが必要です。

　本書では「ばくぜん」と感じる力を**漠然力**と呼ぶことにします（能力を表すときは漢字で表記します）。

この力は誰でも生まれつきもっているものです。しかし、スピードの速い現代生活で、弱まってしまっていることが多いのです。素早く明確な結論を出すことばかりが求められる現代社会で「ばくぜん」としている暇がないのもうなずけます。

「ばくぜん」と「明確」を切り替える

TAE思考法は、単に「ばくぜん」と感じることを提唱するわけではありません。「ばくぜん」と「明確」の2つのモードを切り替えられるようになることが目標です。

その上で、その2つを相互に作用させることで、一方だけでは到達できない深みへ、高みへと、思考を進めていくのです。ジェンドリンは、次のように述べます。

> 方法と理由、事実と価値、物質的なものと人間的なものなどの間の技術的な分裂という呪縛から私たちは逃れることができるのだろうか？……両者の間に距離はある。しかし、どちらか一方を放棄するよりも両方一緒の方が、はるかに大きな力が生まれる。(『プロセスモデル』2023. p.418. 一部筆者改訳)

「知識」と「感じ」—— 両方で大きな力が生まれる

私たちは、科学の発達した現代社会にあっても、人間的な

ものをあきらめる必要はないのです。むしろ、活用するべきです。「知識」と「感じ」、両方一緒に使うことで、大きな力が生まれるのです。その鍵を握るのが、私たち人間に備わる**漠然力**です。

AIは「ばくぜん」を感じることはできない

知識の集積はAIの得意分野ですが、AIは「ばくぜん」と感じることはできないでしょう。「ばくぜん」と「明確」の2つのモードを自在に行き来し新しいものを生み出せるのは人間だけです。TAE思考法はそれを実践する方法なのです。

人間の強み、漠然力を活かす

これからは、AIと人間が共存する世界のあり方を模索することが求められます。AIにはできない、人間の強みを活かすことが必要になってきます。ビジネス場面では、とくにAIと人間がそれぞれの強みを活かしていくことになるでしょう。

人間にしかできない「ばくぜん」と感じることを身につけること、さらに、「ばくぜん」と「明確」の2つのモードを使いこなすことが、AI時代を乗り切る武器となることは間違いありません。

まずは「ばくぜん」と感じる力、**漠然力**を強化する**EXERCISE**から始めましょう。

肺と空気を分ける必要がない

「身体」は、単なる肺ではなく、拡張する肺である。空気が肺に入ってくることと肺が拡張することを分かつことはできない。大事な点は、肺と空気を分ける必要がない、ということである。（『プロセスモデル』2023, pp.2-3, 一部筆者改訳）

1 リーフィングケア　小刻みに揺れる

所要時間 **3**分

静かに立ち上がる

- 片手の指先で、テーブルや椅子など、しっかり立っているものに軽く触れます。
- 両足でしっかり立ち、くるぶしのあたりを意識し、身体のバランスを整えます。

ゆっくり深呼吸をする

- ぼーっとするような構えで部屋全体を感じます。
  - 軽く目を閉じてもいいでしょう。
- 身体の力を抜いてリラックスします。

  ほんの少しだけ身体を揺らします。
  - 指先と足の裏を感じます。足の指先も感じます。周りのものに支えられていることを感じます。
- 深呼吸を続けます。
  - 息を吐いたり吸ったり、空気が出たり入ったり、、、スムーズな動きを感じます。

ゆっくり小さく揺れる

- 指先を、支えているものから静かに離します。

  ゆっくり小さく揺れ続けます。

→ 「ばくぜん」と感じる

- 揺れている自分を感じます。地面が、空気が、身体を支えています。

☐ しばらく続けます。

- あなたの動きに周囲が溶け込んでいます。あなたは周囲を含んで揺れています。揺れている感じを確かめます。

自分を「ばくぜん」と感じる

☐ 「今、自分はどんな感じかなあ」と問いかけます。全体を「ばくぜん」と感じます。

☐ ことばにせずに「この感じ」と、指し示すように、しっかり感じます。ことばが浮かんできたら、「そうだね」とか「気づいたよ」など、短くケアする（やさしくいたわる）ことばをかけます。

- 感じるだけで終了してもかまいません。

解説 「ばくぜん」と 全体を感じる

　「ばくぜん」と全体を感じる感覚がなんとなくつかめたで
しょうか。繰り返しているうちに、慣れてきます。ちょっと
した隙間時間に試してみてください。

　「リーフィング」はジェンドリンの造語です。木の葉が小
刻みに揺れ、太陽の光や風やさまざまなものと応答しなが
ら、伸びゆく方向、成長する方向を探る動きを指します。

　青空の下の大きな樹をイメージするとやりやすいかもし
れません。

　TAE思考法をより効果的に進めるための基礎となる
EXERCISE です。

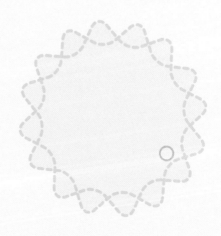

2 リーフィングケア　響く

　　　EXERCISE 1-2は**EXERCISE 1-1**に続けておこなうと効果的です。

　用意するもの：コップ半分程度の飲料水
　　　　　　　　（ない場合はあることをイメージしておこないます）

静かに立ち上がり、自分を「ばくぜん」と感じる

☐ 静かに立ち上がり、「今、自分はどんな感じかなあ」と、全体を「ばくぜん」と感じます。

樹を１本思い浮かべ、「ばくぜん」と感じる

☐ 大きな樹を１本、思い浮かべます。

・近くの公園の樹でも、旅行先で見た樹でも、写真で見た樹でもかまいません。その樹が、どっしりと根を張り、立っている様子をイメージします。

☐「あの樹は今どんな感じかなあ」と、全体を「ばくぜん」と感じます。

自分の「感じ」と樹の「感じ」を響き合わせる

☐ 自分を感じることに戻ります。足の指、手の指に、注意を向けます。少しだけ指先を動かしてみてもいいでしょう。

「ばくぜん」と感じる

☐「あの樹」をイメージします。

- 葉が風に揺れている様子をイメージします。
- 静かで穏やかな風にしましょう。
- 小刻みに揺れる葉と立っている樹を感じます。

☐ 自分の「感じ」と樹の「感じ」を響き合わせるように感じます。

深呼吸をし、水を一口飲む

☐ 最後に深呼吸をし、水を一口、飲みます。

- 水が用意できない場合は、飲むことをイメージします。

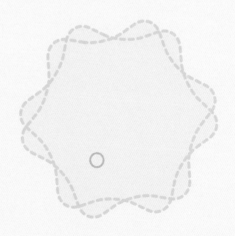

解説 樹の「感じ」と響き合う

　樹の「感じ」と響き合う感覚が体験できたでしょうか。

　1本の樹をイメージしましたが、周りに多くの樹があるのを感じた方もいたのではないでしょうか。同じ時間、地球上の多くの樹が、風を受けて小刻みに葉を揺らしています。

　最後に深呼吸をして水を飲むのは、同じものが流れていることを確認する意味があります。植物も私たちも水と空気が必要ですね。水、空気、、、さまざまな「おかげ」を受けて生きています。

　昼間におこなう場合は、日光をイメージするのもよいでしょう。夜は月の光でしょうか、星でしょうか、静寂な闇でしょうか。

　浮かびあがってくる「感じ」をしばらく感じていましょう。

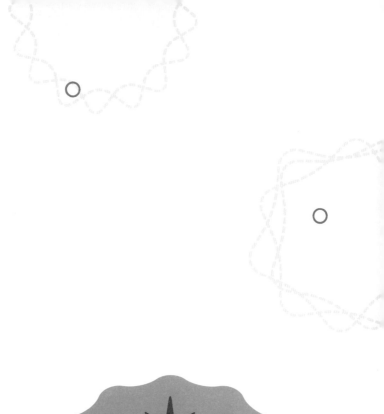

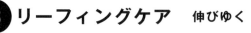

伸びゆく自分、成長する自分を実感する **EXERCISE** です。紙に樹を描いていきます。絵の上手下手は全く関係ありません。「樹らしくない樹」になってもかまいません。「感じ」のおもむくままに自由に描いてください。

　用意するもの：白い紙（A4くらいの大きさがよい）と鉛筆

樹の主根、主幹を描く

■ 長方形の紙を横長に置きます。

■ 半分よりも少し下に横線を１本描きます。

■ 次に、主根、主幹を描きます。

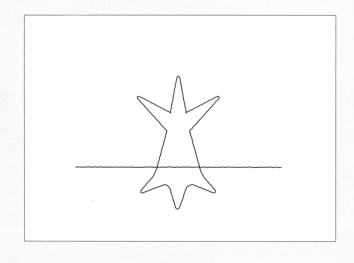

「ばくぜん」と感じる

過去の「感じ」に浸りながら、根を描く

◪ 最初に、根の部分を描いていきます。過去を「ばくぜん」
と感じ、その「感じ」に浸りながら、細い根を付け加え
ていきます。

• 具体的な経験があれこれ思い浮かんでくることでしょう
が、1つの経験に深く入り込まずに、「あんなこともあっ
たな」「こんなこともあったな」と、少し立ち止まって
その「感じ」に触れる程度にとどめ、描き進めます。

• 「この根は○○のこと」などと対応させずに、自由に根
を増やしながら、いろいろなことの「感じ」をあれこれ
思い浮かべます。

• どうしても書きとめておきたい経験がある場合は、鉛筆
を斜めに寝かし、土の部分に薄く平塗りにします。
形や文字を使わずに薄く塗るだけにします。1〜2cm程
度、小さく塗っておきます。
周囲をにじませて白い紙に馴染ませます。さまざまな経
験が土の中に染み込み、土壌が豊かになっていくイメー
ジでおこないます。

• ある程度描いたら地上部分に取りかかります。

- 根を付け足したくなったら、いつでも戻って付け足してかまいません。

枝葉を描き、葉にやりたいことを書く

🔲 地上部分に枝と葉を同時に付け足し、1枚の葉に1つずつ、「やりたいこと」を1文字か2文字で書いていきます。

- 例えば「フランス語を学びたい」であれば「フ」と書くだけでも充分です。「スポーツジムに通いたい」であれば「スポ」でも「ジム」でもいいでしょう。漢字を使ってもかまいません。

- やる時期は限定せず、「すぐやりたいこと」「将来やりたいこと」など区別せずに書いていきます。

- そのことの「感じ」に浸りながらおこないます。

- 「感じ」が似ていることがらの葉は近くに配置します。

- 自由に枝を書き加えながら、葉を増やしていきます。

葉を付け足し、すべての葉を幹につなげる

🔲 ある程度描いたら、中に文字を書かない葉を付け足していきます。

- 適当な場所に自由に描き加えます。

- 枝分かれさせたり、新しく枝を描いたりしながら、葉を増やします。

- ことがらを書きたくなったら、中に文字を入れてもかま

いません。とくに浮かばない限り、葉のみを描き足して
いきます。

- すべての葉が、枝を通じて最終的に幹につながるように
  してください。宙に浮いている葉がないようにします。

◻ 適度に葉が繁ってきたら終了します。

葉の全体を線で囲む

◻ 最後に、葉の部分全体を線で囲みます。この時、完全に
  囲んでしまわずに、何箇所か隙間を開けます。

- 風が通るイメージに仕上げます。

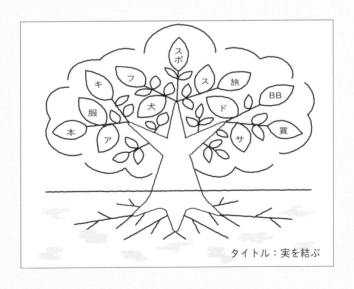

タイトル：実を結ぶ

絵を眺め、感じる

◻ できあがった絵を眺め、感じます。地上部分、地下部分、
地上部分と、交互に注意を向けます。

・名前をつけたい枝があれば、近くに「〜の枝」と書きま
す。名前はつけなくてもかまいません。

◻ 次に、絵全体を眺め、感じます。

・絵全体にタイトルをつけたい場合は、どこかに書いてお
きます。タイトルをつけなくてもかまいません。感じる
ことが大切です。

◻ 最後にもう一度、絵全体の「感じ」を、覚えておくよう
な気持ちで、よく感じます。

EXERCISE **1**-**3**は、引き続いて EXERCISE **1**-**1**「リー
フィングケア　小刻みに揺れる」をおこなうと、より効果的
です。絵の「感じ」を、からだにしっかり定着させることが
できます。また、EXERCISE **1**-**1**→**2**→**3**→**1**（小刻み
に揺れる→響く→伸びゆく→小刻みに揺れる）と循環する
と、広い環境の中に存在する一人の「私」を実感することが
できます。

EXERCISE ①-❶-❷-❸ は、一人で取り組むのもよいです
が、ミーティングや研修の中で行い、感じたことをペアやグ
ループでシェアすることをおすすめします。
　　伝え合うことで、新しい「感じ」に気づくかもしれません。

解説 「今の私の感じ」を感じる

　　根を描いているとき、葉を描いているとき、どんな「感
じ」でしたか。樹全体の「感じ」はどうですか。ことばで説
明することよりも、感じることを大切にします。

　　樹全体の感じは「今の私の感じ」です。土壌に根を張り、
「これから」に向かい、樹の葉が小刻みに揺れています。枝
に名前をつけることで、伸びていく方向を感じた方もいたこ
とでしょう。

　　中に文字のない葉は未知のできごとです。それも含みなが
ら成長している自分、拡がる自分が表現されています。

「感じ」を色で表現する

所要時間
5分

EXERCISE2では「感じ」を色で表現します。

色を使うのは、安易にことばで表現することを避けるためです。ですから、絵の上手下手は全く関係ありません。

また、使う色で心の中を調べたり性格を占ったりするものでもありません。「感じ」を「ばくぜん」と、しかし、しっかりと感じる練習をします。

用意するもの：白い紙、色鉛筆またはクレヨン

紙と色鉛筆またはクレヨンを目の前に置く

☐ 紙を目の前に置きます。

• 色鉛筆またはクレヨンは色が見えるよう、並べておきます。

全身感覚を「ばくぜん」と感じる

☐ ゆったりとリラックスして、「今、自分はどんな感じかなあ」と問いかけます。

• 具体的な問題や興味に集中せず、全身感覚を「ばくぜん」と感じます。

• 感じられたら「この感じ」と、指し示すように、しっかり感じておきます。

「ばくぜん」を感じる

「この感じ」に合う色を１つ選ぶ

■「この感じ」を色で表現するとすれば、「どんな色が合うかなあ」と、並んでいる色から１つ選びます。

• ぴったりの色がない場合は、一番近い色を選びます。

選んだ色を塗る

■ 選んだら、白い紙に色を塗ってみます。

• 線や形を描いても塗るだけでもかまいません。

今の自分に合う、ほかの色を選んで色や線を加える

■ 少し描いたら色鉛筆またはクレヨンを戻し、並んでいる色の全体を眺めます。

■「ほかにどんな色があれば、もっと、今の自分に合うかなあ」と、「感じ」と絵を照らし合わせます。一番合いそうな色を手に取り、紙に色や線を加えていきます。

• どこに何を描いても、重ねて塗ってもかまいません。自由に描いていきます。

■ ２本目が終わったら、また、描いたもの全体を見て、「ほかにどんな色があれば、もっと、今の自分に合うかなあ」と「今の感じ」に照らし合わせます。

◳ 一番合いそうな色を手に取り、紙の上に絵や線を加えます。

- この要領で、3本目、4本目と続けていきます。
- 何かの形を描きたくなったら描いてもかまいませんが、形よく仕上げることより、「感じ」に合うことを優先します。

「感じ」に問い合わせて終了する

◳ ある程度描いたら、「これくらいで終われそうかな」と「感じ」に問い合わせます。

◳ 完全に表現しつくすことはむずかしいのですが、「これくらいでよさそうだ」と感じられたら終了します。

できあがった絵の全体を「ばくぜん」と感じる

◳ できあがった絵を眺め、全体を感じます。

- 「どんな感じかな」と問いかけ、特定の部分に集中せずに、全体を「ばくぜん」と感じます。
- 「この感じ」と、指し示すように、しっかり感じておきます。

絵にタイトルをつける

◳ 絵にタイトルをつけます。

- 裏面などにメモしておきます。
- そのタイトルをつけた理由を短く書いておきます。

＊本 EXERCISE は拙著『TAEによる文章表現ワークブック』（図書文化社、2008）所収の「色模様のワーク」（pp.18-19）をアレンジしたものです。

解説 「ばくぜん」を 色とことばで表現する

EXERCISE ❷ では、あえてことばではなく色を使い、「ばくぜん」と感じることと、表現することの間を、行ったり来たりしました。多くの人にとって、ことばの表現力は強力なので、決めつけたり、他の見方をしにくくしたりする傾向が生じがちです。それを避けるために、あえて色を使いました。

色による表現を繰り返した後に、タイトルをつけました。タイトルはことばによる表現です。十分に感じた上で、それにふさわしいことばが得られれば、おのずと、「うまく表現できた」という感覚が出てきます。

どうだったでしょうか。

① 写真を感じる

所要時間
5分

EXERCISE 3 では写真を使います。

お気に入りの写真を1枚、用意してください。

お手持ちの携帯デバイスなどから適当なものを選んでください。最初のうちは、人物ではなく風景や物の写真がよいでしょう。慣れてきたらどんな写真でも使えますが、できれば、自分で撮った写真が望ましいです。撮ったときの「感じ」が思い出せるからです。他の人が撮った写真を使う場合は、心地よい「感じ」が自然に湧いてくるような写真がよいでしょう。

紙と鉛筆を用意してください。小さな紙片でかまいません。

この **EXERCISE** ではことばを書きとめます。ただし、文や文章は書きません。単語を、ぽつり、ぽつり、と並べていきます。3〜5つ書けば十分です。

では、始めましょう。

用意するもの：お気に入りの写真、紙、鉛筆

写真を眺める

☐ 写真を眺めてください。

• ゆったりとリラックスして、全体を感じるような構えで、ぼんやりと眺めます。

「ばくぜん」を感じる

自分に「感じ」を問いかける

☐「どんな感じかなあ」と自分に問いかけます。

• 特定のものに集中せず、全体を「ばくぜん」と感じます。

• 感じられたら「この感じ」と、指し示すように、しっかり感じておきます。

「この感じ」に合うことばを書きとめる

☐「この感じ」をことばで表現するとすれば、「どんなことばが合うかなあ」と「この感じ」に問いかけます。

• 浮かびあがってくる語を書きとめます。

• 一語書いては「感じ」に戻り、また一語書いては「感じ」に戻るというふうに、語と「感じ」を照らし合わせながらおこないます。感じる時間を多くとります。

• 語がたくさん出てくる場合は、深呼吸をし、ことばに「少し待っていてね」と声をかけるような気持ちで、ことばを追いかけずに「感じ」に戻ります。

感じに問い合わせて終了する

☐ 単語を5つくらい書いたら、終了します。

• まだ出てくる場合は「これくらいにしようね」と「感じ」

に声をかけるような気持ちで、丁寧に終了します。

もっともよく写真を表現している語を選ぶ

- 書いた語の中から、もっともよく写真を表現していると感じる語を1つ、選びます。

写真全体を「ばくぜん」と感じる

- もう一度、写真全体を「ばくぜん」と感じます。「この感じ」と、指し示すように、しっかり感じます。

選んだ語と写真から浮かんでくることを書きとめる

- 「感じ」と選んだ一語を照らし合わせ、「この語でこの写真の何を表現したいのだろうか」と自問します。
- 浮かんでくることを感じます。短く書きとめます。
  - ここでは文章に展開してもかまいません。自由に書きます。

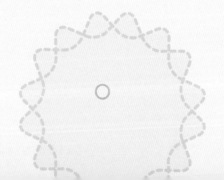

解説 「表現」⇆「感じ」を行き来する

EXERCISE 3-1 では、写真という具体的な表現物を出発点としました。そこから全体を「ばくぜん」と感じることに進みました。そして、「感じ」から浮かびあがってくる語をすくいあげ、さらに、その語をもう一度「感じ」に戻し、「この語で何を表現したいのだろうか」と自問しました。

「表現」から「感じ」、「感じ」から「表現」、そしてまた、「表現」から「感じ」へと、ことばと「感じ」を行ったり来たりすることを繰り返しました。

2つのモードを行き来することで、「写真」の「感じ」が、より深く、より明確に感じられるようになれば、うまく展開しています。

EXERCISE 3-1 は、LESSON part で扱う「パターン」を感じるための準備運動にもなります。

② 写真を響き合わせる

所要時間
5分

用意するもの：お気に入りの写真、紙、鉛筆

お気に入りの写真を用意する

☐ お気に入りの写真をもう1枚、用意してください。

- 最初のうちは、人物ではなく風景や物の写真がよいで
  しょう。

写真を眺めて、感じを自分に問いかける

☐ ゆったりとリラックスして、全体を感じるような構えで、
ぼんやりと眺めます。

☐ 「どんな感じかなあ」と自分に問いかけます。

「この感じ」を感じ、浮かびあがる語を書きとめる

☐ 感じられたら「この感じ」と、指し示すように、しっか
り感じておきます。

☐ **EXERCISE 3 - 1** と同じように、「この感じ」をことばで
表現するとすれば、「どんなことばが合うかなあ」と「こ
の感じ」に問いかけ、浮かびあがってくる語を、5つほ
ど書きとめます。

「ばくぜん」を感じる

写真と語を照らし合わせる

■ さて、ここで、**EXERCISE 3 1**で最後に選んだ語を、思い出してください。

• メモが残っていれば確かめてください。

• その語を、今、眺めている新しい写真の「感じ」に照らし合わせます。

• そして、「この写真に、この語のようにいえる面があるとすれば、何か気づくことがあるかなあ」と自問します。

浮かびあがってくる「感じ」を感じる

■ 写真全体の「感じ」と「語」を行ったり来たりしながら、「ばくぜん」と新しい「感じ」が浮かびあがってくるのを待ちます。

• 「感じ」が動くのが感じられるかもしれません。その動きを追いながら、新しい「感じ」を待ちます。

• 少しでも、変化を感じたら、そっと近寄っていくような構えで、「この感じ」と、しっかり感じます。

「この感じ」をことばで表現する

■ 別の写真に由来する語をあてはめることで、2枚の写真が響き合い、眺めている写真の新しい面が浮かびあがってきたのではないでしょうか。気づいたことを自由に書きとめます。文章に展開してもかまいません。

EXERCISE 3 は、一人で取り組むのもよいですが、ミーティングや研修の中で行い、感じたことをペアやグループでシェアすることをおすすめします。

伝え合うことで、新しい「感じ」に気づくかもしれません。

解説 「この感じ」が 出てくるのを待つ

　EXERCISE **3**-**2**では、あえて別のものに由来する語をあてはめ、「この感じ」が出てくるのを待つという動きを体験しました。2枚の写真を響き合わせました。

　ただし、2枚の写真は、どちらもあなたのお気に入りの写真ですから、そこには、あなたの感性を捉えた「何か」があることでしょう。

　全体を「ばくぜん」と感じること、その上で、「あるとしたら何だろう」と期待すること、そして「待つこと」で、何かが浮かびあがってきます。

　最初は気づかなかったけれども、確かにその「写真」にある（あった）と感じられる「何か」が感じられるようになれば、このEXERCISEがうまく展開しているといえます。

　EXERCISE **3**-**1**で出てきた別のことばを用いてみてもいいでしょう。その時は感じていなかった新しい「感じ」に、気づくことでしょう。

　EXERCISE **3**-**2**は、LESSON **part**で扱う「クロッシング」の準備運動にもなります。

私たちは少なからず植物なのだ

植物の身体は、五感の器官はないが、……身体全体が環境との進行する相互作用である……そして、私たちは少なからず植物なのだ。（『プロセスモデル』2023, p.157）

THEORY

part

理論的背景－ジェンドリン哲学を知る‥人間の漠然力を活用する

EXERCISE part はいかがでしたか。「ばくぜん」とつかむ感覚に慣れたでしょうか。その感覚を、イメージやことばと照らし合わせることにより、感覚が、より深く明確になっていきます。同時に、新しい表現が浮かびあがってきます。

そのプロセスはどのようになっているのでしょうか。

TAE の背景
ジェンドリン哲学のキーワード

ジェンドリン哲学はそのプロセスを追求し、モデルとして示しました。プロセスがわかれば、より効果的に進められます。

以下の章（THEORY part、LESSON part、PRACTICE part、SYSTEMATIC part）では、TAE思考法の理論的な背景を説明しながら、少しずつ進みます。EXERCISE part のEXERCISEがうまく進められなかった方も、読み進めると、なるほどと得心していただけることと思います。その上で、もう一度、EXERCISE に取り組んでみてください。本書のEXERCISE は、繰り返し継続的におこなうことで、大きな効果が期待できます。

ここでは、ごく簡単に、TAEの理論的背景であるジェンドリン哲学のキーワードを紹介しておきます。「パターン」と「メタファー」です。どちらも一般的に使われている意味とジェンドリン哲学における意味は異なります。

ジェンドリン哲学における「パターン」

私たちは、常に「ばくぜん」から「これ」をつかみながら、生きているといいました。そのプロセスをジェンドリンの主著『プロセスモデル』を中心に見ていきます。ジェンドリン哲学で「ばくぜん」と「これ」のつなぎ役を担うのが、「パターン」です。

パターンというと、「ワンパターン」ということばに代表されるような「決まり切ったもの」というイメージが強いかもしれません。この場合のパターンはすでにある形式（型）です。動物や人間の行動パターン、人間の文化的パターンなどです。ジェンドリンもその意味で使うことがあります。しかし、ジェンドリン哲学では、パターンは新しく創られるものでもあることが重要です。

生きることは、新たな「パターン」を創ること

生命体は、常に新しいパターンを生成しながら生きているのだとジェンドリンは強調します。「生きること」は、新しいパターンを創ることの連続そのものといっても過言ではありません。

パターン生成能力は細胞レベルですでに備わっています。ジェンドリンは、『プロセスモデル』の中で、次のようにいいます。

細胞壁に損傷を与える化学物質が、その細胞がその中で生きている液に入れられるとき、その細胞はまさにその細胞壁の損傷を修復する新たな化学物質を生み出す。その細胞は、その新しい化学物質に何百万年も自らを順応させる必要はない。それがこの科学物質の中で形成されるまさにその最初のときに、それは別様にパターン化された仕方で形成されるのである。（『プロセスモデル』2023, p.129）

植物、動物、人間に通底するプロセス

新しくパターンを創る機能はもっとも原始的な生命プロセスに備わっています。植物、動物、人間でも同じプロセスが進行しています。

ジェンドリンは、次のようにもいっています。

身体全体が環境との進行する相互作用である、という事実が見過ごされている。植物の身体は、五感の器官はないが物理的に環境的な相互作用から成り立っており、そして、私たちは少なからず植物なのだ。（『プロセスモデル』2023, p.157）

植物も動物も「パターン」を感じます。「えっ！ 植物が感じる？」と不思議に思われるかもしれませんが、『プロセスモデル』では、一方の葉を虫に食べられた植物が他方の葉っぱに防御物質を作る例があげられています。五感こそあ

りませんが、植物も全身感覚で感じながら生きています。

　パターン感覚は基本的には五感によらない全身感覚です。植物もパターンを感じるからこそ、養分を求めて根を伸ばし、光を求め、周囲の植物を避けて背丈を高くするのです。求めるものは「ばくぜん」です。決めつけてしまうと、そのものが得られなければ死んでしまうので、わざと「ばくぜん」としたままにしてあるのでしょう。合成肥料でも人工光でも、植物は育ちます。

　犬や猫を飼っている人は、彼らが私たち人間の感覚に反応することをご存知でしょう。人間とともに暮らすペットとの間では、ある程度、パターン感覚を共有できます。喜び、悲しみ、怖れ、落ちつき、、、。共感といってよいでしょう。

　植物と共感するというとかなり変人扱いされそうですが、あながちないことともいえません。森の中にたたずむ感覚には独特のものがあることを、多くの人は経験していることと思います。全身感覚で植物と交流できるといってもいい過ぎではないでしょう。

　五感をもつ動物は、全身感覚を感覚器官経由の感覚で修正しながら動きます。周囲のものすべてを見るわけではなく、必要なものを選択的に見るのはこのためです。先立つ全身感覚が「ゆくて」を知っており、その感覚が見るべきものを選択するのです。

「足りない」感覚がモチベーションになる

　動物（人間を含む）が植物と異なるのは、感覚器官があることです。動物は、求めるものを「ばくぜん」としたまま「足りないところ」として全身感覚でキープし、感覚器官による感覚でチェックしながら進みます。ジェンドリンは「足りないところ」を「スロット」と呼び、その感覚がモチベーションなのだと説明しています。「足りないこと」は生命プロセスが進む上で、とても大切なのです。「足りないこと」は「可能性をもつこと」でもあります。

「私たちは少なからず植物なのだ」

　ジェンドリン哲学における「パターン」をご理解いただけたでしょうか。一般的にいうパターンとは違うのだなという感じをもってもらえればここでは充分です。全身感覚で「パターン」を感じ、「ゆくて」をつかむという意味では、植物、動物、人間に違いはないのです。

　ジェンドリンの「私たちは少なからず植物なのだ」という言葉が染み入ってくるのではないでしょうか。植物、動物、人間は、さまざまな面で異なりますが、根源的な生命プロセスは共通しているのです。

　続いて、もう1つのキーワード「メタファー」とは何か、見ていきましょう。

ジェンドリン哲学における「メタファー」

　生命体は、刻々と変化する環境に対応するために、遺伝的に継承したパターンをもとに、新しいパターンを創ります。人間の場合、ここに言語が関係してきます。

　人間が新パターンを創造するプロセスでジェンドリンが着目するのは、「メタファー」です。メタファーは日本語に訳すと「隠喩」です。

　隠喩というと、学校の国語の授業を思い出す方も多いでしょう。そこでは隠喩は文章を飾るテクニックの1つでした。2つのものの中にすでにある類似性を見つけ、マッチングし表現することでした。

　例えば「彼女は赤い薔薇だ」という場合、彼女がすでにもつ性質と、赤い薔薇がすでにもつ性質が類似していることを発見し、それを表現する修辞法がメタファーでした。

　ジェンドリン哲学のメタファー（隠喩）は全く違います。ジェンドリンは次のように述べています。

　私たちのモデルでは、その類似性を創造する、あるいは特定するのがメタファーである。AのことをあたかもそれがBのことであるかのように語ることによって、Aのある側面が、以前はそのようには存在しなかったものとしてつくり出されるのである。（『プロセスモデル』2023. p.85）

「メタファー」が働き新しい「パターン」ができる

　メタファーは類似性を新たに創ります。つまり、「彼女は赤い薔薇だ」と表現することにより、彼女の中に「赤い薔薇」と類似する側面が新たに立ち上がるのです。

　ただし、何もないところから立ち上がるのではありません。「ばくぜん」と宿っているものが相互に引き合い、類似性としてつながります。この時メタファーが働きます。類似性のつながりから「繰り返し可能性」が生じます。これが「パターン」（パターン感覚）として感じられます。

　類似性の連続は「同じような」が続く感覚でもあります。厳密には同じでありませんが「同じ」と感じられる感覚です。その同一性が「これ」と感じられるのです。

　「これ」が生じると同時に、「ばくぜん」と残る部分が生じます。ジェンドリン哲学では、「生きること」は、「ゆくて」の「足りないところ（スロット）」に生じる「ばくぜん」を、「これ」と「新しいばくぜん」に分化しながら進むことです。

　ジェンドリン哲学での「パターン」「メタファー」が、なんとなくつかめたでしょうか。新しいパターンを創造するとき人間は言語を使いますが、その時、身体でメタファーが働くのです。効果的にメタファーを働かせると、創造的な新しいパターンが生まれてきます。

　本書を読み進めていくうちに、メタファーが働いて新しいパターンが生まれるのを体感できると思います。

AI時代こそ全身感覚を活かそう

　パターン感覚は動植物にもありますが、それを「この感じ」と感じるのは人間だけです。「感じの感じ」を感じるわけです。これは大きな違いです。

　ジェンドリンは、動植物と人間の違いをこの点に見ています。また、次のようにも述べています。

　私たちは、コンピュータがメタファーを解釈することも生み出すこともできない、という事実に気づくことができる。
（『プロセスモデル』2023. p.88）

　メタファーが働くのは、生きている人間の身体です。

　今日、AIは膨大な量の人間が創ったパターンから新パターンをつくり出しますが、それらのパターンも、本を正せば、生きている人間の身体が自然との相互作用の中で生み出したものです。

　この身体プロセスが生じる場所は、種ではなく個体です。個人の身体です。誰もがこのプロセスを生きています。個人が生き続ける必要から生じた「足りないところ（スロット）」でメタファーが働き、「ばくぜん」から「これ」が生じるのです。先に述べたように、このプロセスは、動植物とも共通しています。

TAE思考法は、全身感覚を使うことで、身体プロセスのレベルに働きかけ、新パターンを創ります。

　人間の「生きがい」は、もちろん、植物や動物と違い、社会的なものです。しかし、それが個人の身体プロセスから離れてしまうと、単なる欲望（金銭欲、出世欲、支配欲、、、）になってしまったり、単なる義務感やルーチンに終始してしまったりします。

　「何か足りない」という感覚も適切に向き合えば、新パターンを生み出す源泉になります。

　いったん、新パターンが生じると、「生きがい」「やりがい」「働きがい」、、、がリアルに感じられるようになります。TAE思考法はそれを助ける有力な方法です。

新しい種類の人類の思考法 TAE

　ここまで、TAEを理解していただく上で必要なジェンドリン哲学のエッセンスをごく簡単に紹介しました。

　生命体は自らの「ゆくて」を知っており、環境変化で生じる「足りないところ（スロット）」を「ばくぜん」に感知し「これ」と「新しいばくぜん」に分化しながら生き続けます。このプロセスは、通常、スムーズに循環します。

　歩行中に思いがけない段差があると、一瞬、驚きますが、たいていの場合、バランスを取り戻して歩き続けます。歩行

が再開するとき、新しい地面が新しい循環の一部となっています。しかし、環境の変化が大きいと、なかなか新パターンが創れません。

　ジェンドリンは例として、部屋に入り込んだ虫が窓ガラスに何度もぶつかりながら外に出ようとする行動をあげています。虫はやがて激しくぶつかるのを止め、小さなリズミカルな動きでガラスの表面に沿って小さく脱出を試みます。予想していなかった環境で新しいパターンが生じる「チャンスを最大化する」のです（『プロセスモデル』2023, p.127）。

　小刻みな動きの繰り返しは、ある種の行きづまりです。

もやもや、うつうつは新パターン創造のチャンス

　虫は小刻みな行動を繰り返すのみですが、人間は行きづまりを「感じていると感じます」。全身感覚の停滞を感じるのです。「感じの感じ」です。

　「感じの感じ」は全身感覚ですから、ことばになりにくい質のものです。「ばくぜん」としか感じられません。もやもやとした、うつうつとした感覚です。あまりいい感じではありませんね。

　でも、見方を変えると次のようにもいえます。もやもや、うつうつとした感覚が続くときは、環境の変化に対応しようと新しいパターンを模索しているときです。その感覚にとどまり「ばくぜん」と感じましょう。その力が**漠然力**です。

静かに、じっとして、できれば目を閉じ、五感よりは全身の感覚に集中してください。メタファーが類似性を創ろうと駆け回り、つながってパターンになろうと集まってきます。

　新しい類似性が連続したとき、「ああ」とか「そうか」とか、うっすらと、時には、劇的に、気づく感覚が出てきます。この感覚は、生じてすぐに消えるのではなく、「これ」と感じられる程度に継続します。「同じ」感覚が続いているように感じられることでしょう。

　それを「この感じ」と確認するように丁寧に感じましょう。ことばにしようとしたり、説明しようとしたりせず、ただ「この感じ」とだけ感じましょう。

　ジェンドリンはジェル化と表現するのですが、停滞する全身感覚にゆるやかなまとまりが生じたのです。まとまりは「直接照合体」と呼ばれます。

「新しい種類の人類」は「直接照合体」から思考する

　ジェンドリンは、「直接照合体」から思考する人間を、「新しい種類の人類」と称し、次のように述べています。

　父親であること、母親であること、娘であること、息子であること、妻であること、夫であること、雇用者であること等々、これらの役割のパターン──その"硬い構造"──は、とてもしばしば自らの状況を推進することに失敗する。

私たちはそれらのパターンを（直接文脈−交差しつつ）注意深く進めねばならない。それをよりうまくやるためには、私たちは直接照合体の形成を必要としているのである。（『プロセスモデル』2023, p.387）

「直接照合体」は哲学用語なので難しく感じますが、実際におこなうことはシンプルです。

もやもや、うつうつ、、、行きづまりを感じたら、「ばくぜん」と丁寧に感じましょう。そこから日常生活の停滞感や閉塞感を打ち破る新しいパターンが生まれます。自分の中から生まれた新しいパターンに従って生きるのが「新しい種類の人類」です。決して難しいことではないのですが、うまくやれていない人が多いのも事実でしょう。

「ばくぜん」としたものを「ばくぜん」としたまま感じて抱える**漠然力**がなぜ大切なのか、お分かりいただけたでしょうか。

不明瞭な「ばくぜん」としたものの中に、重要な何かがあります。五感以前の、全身感覚のみで感じているもの（直接照合体）を「ばくぜん」と感じながら、ことばにしていくのがTAE思考法です。

全身感覚に注意を向け、感じながら思考する方法を身につけていきましょう。

メタファーは類似性を創造する

私たちのモデルでは、その類似性を創造する、あるいは特定するのがメタファーである。AのことをあたかもそれがBのことであるかのように語ることによって、Aのある側面が、以前はそのようには存在しなかったものとしてつくり出されるのである。

(『プロセスモデル』2023, p.85)

LESSON

全身感覚をよび起こす…メタファー、パターン

part

LESSON part では、TAE思考法の中心となる、メタファーとパターンをツールとして日常的に使えるよう、ワークに取り組んでいきます。

TAE の技法を日常的に使う

メタファーもパターンも、誰もが身体的にもっているものです。あなたの中にも私の中にもあり、機能してきたものです。TAE思考法は、それを使いたいときに、用途に合わせ、より効果的に使えるよう技法化しています。

例えば、ある経験から見出したパターンを別の経験にあてはめて感じることで、メタファーを活性化します。この技法は「クロッシング」と呼ばれます。

「クロッシング」で得られた「ターム」を独特の方法で連結しながら構造化する「インターロッキング」の技法もあります。「クロッシング」と「インターロッキング」は、PRACTICE part で取り組んでいただきます。

ジェンドリンとヘンドリクスは、これらのTAE技法を系統的な手順にまとめました。TAEの技法を使うと、誰もが身体的にもち実際に機能しているものが、より明確になり、やっていることの意味がわかります。

「ゆくて」とそこに進みつつある自分が一体のものとしてリアルに感じられ、やりがいが感じられます。

筆者はジェンドリンらが開発したステップを日常的に使えるツールにすべく書き込みシートにアレンジしました。本書でも順次書き込みシートを紹介していきます。書き進むにつれてTAEがおのずと展開します。

　気軽に取り組み、ご自身の「ゆくて」をつかんでいただきたいと思います。

メタファーを活性化し、パターンを生み出す

　まずは、メタファー、パターンをツールとして使う練習から始めましょう。

　TAEはどんなテーマでもどんな思考にも使えますが、本書はビジネスパーソンが取り組むことを念頭に置いて、ワークの内容を組み立てました。

　忙しい日々を送っている方も多いことと思いますが、短時間で取り組めるので、隙間時間にゆったりした気持ちで取り組んでみてください。

　全身感覚に注意を向けるだけでも、メタファーが活発に動き始めます。感じ続けているとパターンが生じてきます。まずは、いくつかのワークで全身感覚をよび起こしていきましょう。

① 仕事は楽園だ

☐「仕事は楽園だ」。この文をゆっくり３回、声に出して（または心の中で）読みます。

☐「仕事」の中で「楽園」といえるところがあるとすればどんなところか、自分の中に浮かんでくることを感じようとする構えで、身体の内側に注意を向けます。

• 感じられる「感じ」を、ことばにせずに「この感じ」と感じます。「この感じ」を感じながら、浮かんでくることを書きとめます。

☐単語、句、または、ごく短い文（以下、ことばで代表させます）を、１つ、また、１つと、置いていくように書きとめます。

• この LESSON では、文をつなげて文章にすることは、おこないません。「ぽつ、ぽつ、と置いていく感じ」でおこないます。

• ゆっくり、自分の内側に注意を向けながら、おこなってください。

☐３分ほどで終了します。最後に「、、、」を書いておきます。まだあるという意味です。

• 書きとめることばは少なく、感じる時間を多くします。10個も書けば十分です。多くても20個以内にしましょう。

「この感じ」をことばにする

【「この感じ」をことばにする】

例：果実、明るい、光、窓、適温、緑、希望、人、給料、
安定、資源、、、

TRY! 【「この感じ」をことばにする】

⟨2⟩ 仕事は監獄だ

▣「仕事は監獄だ」。

この文をゆっくり3回、声に出して（または心の中で）
読みます。

・ **LESSON 1-1** と同様におこないます。

⟨3⟩ 仕事は○○だ

▣ **LESSON 1-1-2** で出てきたことばの中から、あなたと仕
事の関係を表すもっとも重要なことばを1つ選びます。
そのことばを「○○」に入れます。

・「仕事は○○だ」となります。

▣ 作った文をゆっくり3回、声に出して（または心の中で）
読みます。

▣ **LESSON 1-1** と同様におこないます。

→ |「この感じ」をことばにする

例：タイムカード、監視、従う、沈黙、無意味、横行、希望
　　がない、変えられない､､､

TRY! 【「この感じ」をことばにする】

→ |「この感じ」をことばにする

例：（○○に「窓」を入れる）仕事は窓だ
　　外が見える、ないと閉鎖的、自分も見える、収入、次に
　　つながる、ないと息苦しい､､､

TRY!

　　「仕事は　　　　　　　　　だ」

　　【「この感じ」をことばにする】

ふりかえり

「自分の中の自分」に説明する

LESSON 1-3 でそのことばを選んだ理由は何でしょうか。「自分の中の自分」に説明するような構えで書いてみます。

難しいと感じる場合は、自分をよく理解してくれる仮想の人物を思い浮かべ、その人に説明するような構えで、話す口調で書いてもいいでしょう。

LESSON 1 は、研修などの中でおこなうことをおすすめします。ワークの後、気づいたことを話し合うのも効果的です。

さまざまな仕事観に触れることは刺激になります。

気づいたことを自由に書く

例：仕事に対して、希望を感じている反面、希望がないとも
感じており、矛盾した感じをもっているとわかった。
仕事がないと閉じた世界で息苦しくなってしまうだろ
う。仕事があるから外の世界とかかわれる。
私にとって、仕事は「窓」である。さまざまなものがここ
から出入りする。もちろん、お金も。心的エネルギーも。
体力も。仕事がなくなったら歩く時間すら減るだろう。
仕事がないと自分が閉じてしまう。やはり仕事は「窓」だ。

> **TRY!**
>
> 【気づいたことを自由に書く】

解説 メタファーを働かせ パターンを感じる

LESSON **1** を通じ、仕事について、あるいは、自分について、何か気づいたことはありますか。感じてみましょう。少しの違いにこだわりましょう。

小さな違和感にとどまる

「小さな違和感にとどまること」がメタファーの働きを活性化します。今までの自分の考えと、「少し違う」という感覚はないでしょうか。ありそうなら、それを、ことばに展開せずにそのまま「ばくぜん」と感じましょう。その時あなたは、メタファーの動きを感じ始めています。「何か違う」が「こうかもしれない」に変わる瞬間がくるかもしれません。

しばらく感じていて、うっすらとでも何か感覚が出てきたら、その感覚についていくような、覚えておくような構えで、しばらく感じ続けます。「この感じ」と確かめられるとき、すでに類似性が創造されています。感じるだけでも十分です。その「感じ」をしっかりキープしてください。

ジェンドリン理論では、その「感じ」が「パターン」です。類似性が連続するとき「繰り返し可能性」が生じ、それがパターン感覚として感じられるようになります。

「この感じ」に注意を向け、メタファーを働かせ、パターンを感じることは、TAE思考法の基本です。

コンピュータはメタファーを働かせることができない

　先に述べたように、ジェンドリンは「コンピュータはメタ
ファーを解釈することも生み出すこともできない」といって
います。コンピュータには**漠然力**がないからでしょう。

　みなさんはどう思いますか。

　人間にしかないこの能力を活用しましょう。出発点は「何
か違う」という感覚です。何かを考えるとき、思いをめぐら
せるとき、小さな違和感や行きづまりに注意を向けて感じる
ようにしてみてください。

　新たな気づきや発見があるはずです。

　LESSON ❶ では、仕事について、TAE思考法でアプロー
チしました。**LESSON ❷** では、職場の人間関係にアプロー
チしてみましょう。

① 上司はタンポポだ

- □ あなたの上司を一人、思い浮かべてください。

  その人の名前を○○のところに入れ「○○はタンポポだ」の文を作ります。

- □ この文をゆっくり３回、声に出して（または心の中で）読みます。

- □「○○さん」の中で「タンポポ」と似ているところがあるとすればどんなところか、自分の中に浮かんでくることを感じようとする構えで、身体の内側に注意を向けます。

- ・感じられる「感じ」を、ことばにせずに「この感じ」と感じます。

- □「この感じ」を感じながら、浮かんでくることばを書きとめます。

- ・似ているようで少し違うとか、全く反対だと気づいた場合は、それを書きとめます。

- ・最初は、**LESSON ①**と同様におこないます。

- ・ことば（単語、句、または、ごく短い文）を、１つ、また、１つと、置いていくように書きとめます。「ぽつ、ぽつ、ぱら、ぱらと置いていく感じ」でおこないます。ゆっくり、自分の内側に注意を向けながら、おこなってください。最後に「、、、」を書いておきます。

> 「この感じ」をことばにする、
> 気づいたことを自由に書く、パターン文を創る

例：上司の鈴木さん

　　「鈴木さんはタンポポだ」

　　【「この感じ」をことばにする】

　　型どおり、厳しい、淡々、わたげ、ふわっ、ほっこり、

　　意外、、、

TRY!

　　「　　　　　　　　さんはタンポポだ」

　　【「この感じ」をことばにする】

■ 次に、気づいたことなどを自由に書きます。

■ 最後に、気づきの核心を、一文で表現します。

• この文を「**パターン文**」と呼ぶことにします。

> **パターン文とは**
>
> 　気づいたことを簡潔に表現する文です。気づくということは、「感じた（ている）と感じる」ことです。何かに「気づく」のは、「感じ」が連続するときです。類似した感覚がつながり１本の線のように連続するイメージです。メタファーが働き、パターン感覚が生じたのです。パターン文はパターン感覚を文で表現するものです。
>
> 　焦点の当て方により浮かびあがる側面が違うため、さまざまな「感じ」が生じえます。パターン文には多くの正解があります。しかし、「何でもよい」というわけではありません。
>
> 　今、感じている気づきが表現されていると感じられる文にしてください。そうである限り、どれも正解です。
>
> 　複数のパターン文を作成してもかまいません。

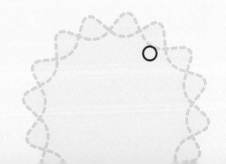

例：【気づいたことを自由に書く】

　ふだんは淡々と仕事をこなし、口調も厳しい上司の鈴木
さん。わざわざ自席にまできて日頃の仕事ぶりをほめて
くれたことがあったと思い出した。その口調があたたか
くてやさしく、そんな一面もあるんだと気持ちがほっこ
りした。

多くの部下をもちながら、目配りしてくれているんだな
と思う。

　【パターン文を創る（複数書いてもよい）】

• 仕事にも人にも目配りできる上司でよかった

• 上司に気遣ってもらって嬉しい自分がいる

TRY!

　【気づいたことを自由に書く】

　【パターン文を創る（複数書いてもよい）】

❷ 同僚はタンポポだ

- ◻ あなたの同僚を一人、思い浮かべてください。

  その人の名前を○○のところに入れ「○○はタンポポだ」

  の文を作ります。

- ◻ この文をゆっくり３回、口に出して（または心の中で）

  読みます。

- ◻ **LESSON ❷ ❶** と同様におこないます。

「この感じ」をことばにする、気づいたことを自由に書く、パターン文を創る

例：同僚の山田さん

　　「山田さんはタンポポだ」

【「この感じ」をことばにする】

咲いている、唐突、周囲と無縁に「にっこり」、
踏まれそう、案外強い､､､

【気づいたことを自由に書く】

私の電話でのやりとりの口調をまねしたり、「下の子で
しょ」などと言ってきたりする。悪い人じゃないけど、
正直、めんどくさい。「他に考えることがあるでしょ」と
言いたくなる。
彼も仕事がつまらないのかな。気持ちはわかるけど、ビ
ジネスパーソンとしてつきあってほしい。

【パターン文を創る（複数書いてもよい）】

● こんな人もいるよねと割り切ればつきあえる
● 割り切ることで自分の負担を軽くしている

③ 後輩（部下）はタンポポだ

- ☐ あなたの後輩（部下）を一人、思い浮かべてください。

  その人の名前を〇〇のところに入れ「〇〇はタンポポだ」

  の文を作ります。

- ☐ この文をゆっくり3回、口に出して（または心の中で）

  読みます。

- ☐ LESSON 2-① と同様におこないます。

> 「この感じ」をことばにする、
> 気づいたことを自由に書く、パターン文を創る

例：後輩の佐藤さん

　　「佐藤さんはタンポポだ」

【「この感じ」をことばにする】

　身近、ここだよ、目立つ、落ち着き、保守的、堅実、面白みがない、親しさはない、ハイここまで、、、

【気づいたことを自由に書く】

　佐藤さんは職場で一番、身近な存在だ。いろいろ相談しながら２人でやることも多い。堅実で助かる。私の意見に反対もしてこない。真面目。だが面白みがないともいえる。他の部署で、結構、自分をアピールしてもいるらしい。仕事人間なのかな。

「これ以上、入ってこないで」という一線も感じる。２人で思いっきりガハハと笑ってみたいものだが、そんな日は来ないだろうなあ。

【パターン文を創る（複数書いてもよい）】

- 悪い関係ではないが距離を感じている
- 一緒に思いっきり笑いたいと思っている自分がいる

TRY!

「 　　　　　　　　さんはタンポポだ」

【「この感じ」をことばにする】

【気づいたことを自由に書く】

【パターン文を創る（複数書いてもよい）】

TRY!

「　　　　　　　　　　　さんはタンポポだ」

【「この感じ」をことばにする】

【気づいたことを自由に書く】

【パターン文を創る（複数書いてもよい）】

職場の人間関係、自分への気づきを書く

LESSON 2 を通じ、職場の人間関係について、あるいは、自分について、何か気づいたことはありますか。

自由に書いてみましょう。

LESSON 2 は、一人で取り組むのもよいですが、企業の研修などでおこなうことをおすすめします。上司、同僚、後輩（部下）ではなく、うまくつきあえない人、仕事がうまくいく人などを思い浮かべておこなうのもよいでしょう。

職場の人間関係で悩む人は多いようです。人間関係が良好な職場の「感じ」を探ってみましょう。

定期的におこなうのもおすすめです。

→ 気づいたことを自由に書く

例：同僚とも後輩とも、ある程度距離をおきながら、淡々と
仕事をしている。嫌なことは感じないようにしているの
かもしれない。

仕事を進めなければならないから、無駄なエネルギーは使
いたくない。反面、上司にほめられると素直に嬉しいし、
後輩と思いっきり笑ってみたいと思ったりもしている。

職場がいい場所であってほしいという潜在的な期待が強
いのかなと思う。

TRY!

【気づいたことを自由に書く】

解説 メタファーによって
無形のものが形を成す

LESSON 2 では、メタファーを始動しやすくするためにタンポポを使いました。上司や同僚、後輩(部下)について、新たな発見はありましたか？ 職場の人間関係だけでなく、タンポポについて、新たに気づいたこともあるのではないでしょうか。

メタファーは2つのものの両方に新たな面を創ります。もともとあったものから新しく創ります。もしも、タンポポが何なのか全く知らなければ、LESSON 2 をおこなうことはできないでしょう。

同様に、LESSON 2 を通じて気づいたことは、あなたと上司、同僚、後輩（部下）との経験に、もともとあったことです。「タンポポが何なのか」のように明確にいえないけれども知っているものとして、すでにあったのです。

メタファーが働き、無形のまま宿っているものが引き合い形を得たということです。TAE思考法では、随所でメタファーの働きを活用します。

パターン文を創ってパターンを感じやすくする

LESSON 2 では、パターン文も創りました。文にしようとすると連続しようとする力が働くので、類似性がつながりやすくなります。メタファーが働きやすくなるといってもいいでしょう。連続するとパターンになります。

つまり、文にしようとすることで、類似性がパターンとして連続しやすくなります。パターンを感じやすくなるのです。パターンは感じるものです。感じるだけで、それはもうパターンです。**LESSON❷**では、その「感じ」を文（「パターン文」）にしました。

　パターンの本質は類似性の繰り返し可能性なので、一般性が出てきます。ある経験から創ったパターンを他の経験に適用することが可能になります。

　例えば、あなたの職場には、**LESSON❷-❷**の例のように「『下の子でしょ』と言ってくる人」はいないかもしれませんが、「こんな人もいるよねと割り切ればつきあえる人」ならいることでしょう。

　ここにもあそこにもいる（ある）ことが、類似性であり、繰り返し可能性であり、一般性であり、パターンです。

人間関係は重要な環境

　LESSON❷では、職場の人間関係にアプローチしました。ジェンドリンは、次のようにいっています。

（動植物の）主要な"環境"はその種の同胞である。種が違ってもそうである。……活動のほとんどは、種の同胞とともに、そして種の同胞へと向かっておこなわれる。（『プロセスモデル』2023, p.6, 一部筆者改訳）

植物は同胞を見分け、受粉し実を結びます。動物は、一時期あるいは終生、同胞と群れて暮らし、子孫を残します。

　人間は複雑な社会を営んでいますが、根底にある生命プロセスは同じです。人間が生きていくにあたって、人間関係という環境は非常に重要です。

　「働きがい」には、仕事そのものだけではなく、人間関係のありようが大きく影響します。自分の人間関係のパターンを知ることは、環境を整える上で、有効に働きます。

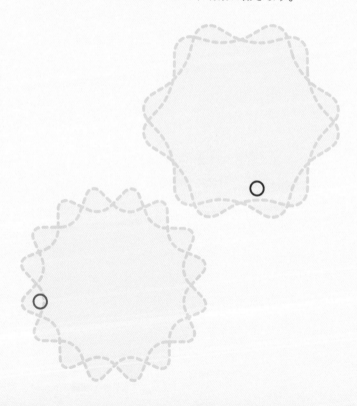

主要な環境は同胞である

（動植物の）主要な"環境"はその種の同胞である。種が違ってもそうである。……活動のほとんどは、種の同胞とともに、そして種の同胞へと向かっておこなわれる。（『プロセスモデル』2023, p.6, 一部筆者改訳）

ルーチンでしか相互作用できない人などいない

新しさはこれまでも常に人間が生きていることの中にあった。よく知られたルーチンでしか相互作用できない人などいないだろう。(『プロセスモデル』2023, p.441, 一部筆者改訳)

PRACTICE
part

全身感覚でことばをつかむ：クロッシング、インターロッキング

まだ気づいていない側面を
浮かびあがらせる

　TAE思考法では、パターンの繰り返し可能性を活かし、経験が含む、まだ気づいていない側面を浮かびあがらせていきます。

パターンを組みあげ構造を創る

　PRACTICE part では、TAE思考法の技法「クロッシング」と「インターロッキング」を体感していただきます。どちらも日常ではあまり使わないことばですね。

　「クロッシング」は、日本語では「交差」です。TAE思考法では、異なる側面の間でメタファーが働き新しい側面が立ち上がる動きを表します。同時に新しいパターンも生まれます。

　「インターロッキング」は「かみ合わせる」「組みあげる」という意味です。TAE思考法では、複数のパターンを論理的につなげ、構造を創ることを表します。

　メタファーを働かせて創り出したパターンを組み合わせ、立体的にしていくのだとイメージしていただければいいと思います。

　クロッシングとインターロッキングをおこなうためには、「この感じ」と感じられていること、パターンが見出されていることが必要です。復習をかね、「この感じ」と感じ

るところからやってみましょう。

違和感にとどまり、とぎすます

テーマは、日常生活における「こだわり」、職場や社会に
対する違和感です。それぞれの「ばくぜん」とした不明瞭な
部分に注意を向けてみます。普段は感じていても流してし
まっていて、「感じることを感じる」ことをしていないので
はないでしょうか。違和感は小さな行きづまりです。

ジェンドリンは、行きづまりにこそ、大切な何かがあると
考えています。日頃の違和感にとどまり、その感じをとぎす
ましていきましょう。

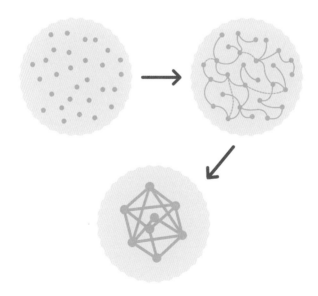

① こだわりをつらぬく

所要時間 **5分**

　「衣食住」。日々の暮らしの営みは、結局のところ、あなたも私も、さほど違わないのかもしれません。しかし、毎日のことであるがゆえに、だれしも独特のスタイルをもっているものです。

衣食住の自分のこだわりを拾う

■ 衣食住にまつわる日常から、あなただけのこだわりを拾ってみましょう。そのことがらを書きとめてください。

身体の内側に注意を向け、こだわりを感じる

■ そのこだわりを感じながら、身体の内側に注意を向けます。感じられる「感じ」を、ことばにせずに「この感じ」と感じます。

ことがらを書く、「この感じ」をことばにする、
核心を一文で表現する（パターン文を創る）

例：【ことがらを書く】

食器を洗うとき、ほとんど洗剤を使わなくなってから、
ずいぶんになる。再生紙でできた「ちり紙」でふきとっ
たあと、スポンジを使いぬるま湯で洗う。相当ひどい油
汚れもこの方法で落ちる。鍋やフライパンもこの方法で
OK。

きっかけは手荒れだった。合成洗剤は私には強すぎる。
魚や水鳥はどうだろう。川や海の汚染防止にもつながる
と思い、日々実践している。

TRY!

【ことがらを書く】

「この感じ」を書きとめる

■「この感じ」を感じながら、浮かんでくることばを書きとめます。

核心を一文で表現する（パターン文を創る）

■「この感じ」の核心を、一文で表現してください。

過剰

ミニマム

じゃましない
感じが
気持ちいい

例：【「この感じ」を感じながら、ことばにする】

　　過剰、ミニマム、みきわめる、必要、じゃましない、気
　　持ちいい、、、

　　【核心を一文で表現する（パターン文を創る）】

　　• じゃましない感じが気持ちいい

　　• 必要をみきわめる

TRY!

　　【「この感じ」を感じながら、ことばにする】

　　【核心を一文で表現する（パターン文を創る）】

ふりかえり

自分なりのこだわりに気づく

気づいたことを自由に書いてみましょう。

　あまりこだわりなく生きていると思っている人でも、自分なりのこだわりが意外とあることに気づいたのではないでしょうか。

気づいたことを自由に書く

例：「じゃましない感じ」という言葉が出てきて、自分で面白いと思った。

自分のために、当然、皿は洗わなければならないが、それが他の生き物が生きていることの妨げになるなら、「じゃまをする」と言えなくもないだろう。

実際のところ、私が洗剤をやめたところで、たいした貢献にもならないのだろうが、もくもく泡だて、ザーザー流し、後で手にクリームを塗っていたころより、気持ちがいいのは確かだ。ちいさな存在なのだからちいさく生きればいい。必要をみきわめたい。

TRY!

【気づいたことを自由に書く】

2 矛盾をとぎすます

所要時間
5分

職場で矛盾を感じたことがらを書く

- 「職場での決定に、疑問を感じる。しかし、ほとんどの人はそうでもないらしい。意見を言うべきか。いや、言ってもむだだ、黙って従おう」。

  こんな矛盾した感じをもつことはありませんか。

  ささいなことでもいいのです。小さな矛盾をしっかり感じてみましょう。明確にしましょう。

- 矛盾を感じたことがらを、書きとめてください。

身体の内側に注意を向け、矛盾を感じる

- その矛盾を感じながら、身体の内側に注意を向けます。感じられる「感じ」を、ことばにせずに「この感じ」と感じます。

「この感じ」を書きとめる

- 「この感じ」を感じながら、浮かんでくることばを書きとめます。

核心を一文で表現する（パターン文を創る）

- 「この感じ」の核心を、一文で表現してください。

> ことがらを書く、「この感じ」をことばにする、
> 核心を一文で表現する（パターン文を創る）

例：【ことがらを書く】

　職場で、研修の目標の達成度を自己判定できるよう細か
い自己評価マニュアルを作ることになった。他社で使用
しているという見本を見せられた。左の列に身につけた
い能力の項目が並び、右へと５段階の評定文言が展開す
るマトリックスだ。

　目標だから、当然、美しい言葉が並ぶ。美辞麗句とはこ
のことだ。じゃらじゃらと音が聞こえてくる妄想にから
れそうだ。うちの会社向けの表をチームで分担して作る
のだという。

　こういう評価が、全く役に立たないとは言わないが、た
いして有効とは思えない。労力に見合わない仕事だ。し
かしやるしかない。見本を参考に、それらしく作ろう。
それが仕事だ。

【「この感じ」を感じながら、ことばにする】
美辞麗句、じゃらじゃら、虚飾、外見をつくる、、、

【核心を一文で表現する（パターン文を創る）】
- 「外見をつくる」のも仕事の内だ

ふりかえり

違和感をじっくり感じる

職場で抱く違和感に、「あるある」と共感する人が多いかもしれません。その「あるある」もパターン感覚です。日々違和感をおぼえ、もやもやしている人、とくに違和感を抱くことなく仕事をしている人、ちょっとした違和感は気にしないようにしている人、さまざまでしょう。

違和感をじっくり感じることが大事です。

PRACTICE 1 - 2 をおこなって気づいたことを自由に書いてみましょう。

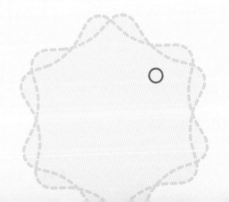

→ 気づいたことを自由に書く

例：「外見をつくる」という言葉が出てきた。

自分の「思い」ばかりでは仕事はできない。世の中の流行とか、上司の決定に、「大事なのはそこじゃないよな」と思いながらも従う。

こんなときは、相手の意に沿うものを出すことが重要だ。そうすれば早く終われる。

さっさと片付けてしまおう。他にやるべきことがあるはずだ。

PRACTICE 1 - 2

TRY!

【ことがらを書く】

【「この感じ」を感じながら、ことばにする】

【核心を一文で表現する（パターン文を創る）】

【気づいたことを自由に書く】

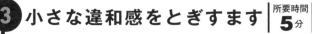

③ 小さな違和感をとぎすます

所要時間 **5**分

違和感を抱くことがらを書きとめる

- 「自分は違和感を抱くのに、世の中のほとんどの人はそうでもないらしい。間違っているのは自分なのか、それとも世間なのか」。

  こんな疑問をもつことはありませんか。

  ささいなことでもいいのです。小さな違和感にとどまりましょう。

- 違和感を抱いたことがらを、書きとめてください。

身体の内側に注意を向け、その違和感を感じる

- その違和感を感じながら、身体の内側に注意を向けます。

- 感じられる「感じ」を、まずことばにせずに「この感じ」と感じます。

「この感じ」を書きとめる

- 「この感じ」を感じながら、浮かんでくることばを書きとめます。

核心を一文で表現する（パターン文を創る）

- 「この感じ」の核心を、一文で表現してください。

> ことがらを書く、「この感じ」をことばにする、
> 核心を一文で表現する（パターン文を創る）

例：【ことがらを書く】

昼ごはんの後、幼稚園の子どもたちは元気に走り回っているのに、保育園の子どもたちが一斉に昼寝をさせられるのは、おかしいと思う。

毎日２時間近く、眠くなくても、立ち歩いてはいけない、しゃべってもいけない。週５日、何年も続く。４、５歳ともなれば、昼寝が不要な子もいるだろう。家庭で過ごす週末は、昼寝をしない子も多いという。一律でなく個別に対応すべきだ。

しかし、こんなことに疑問をもつ大人は少数らしい。声をあげている少数の大人はほんとうに偉いと思う。

【「この感じ」を感じながら、ことばにする】
自分なら嫌だ、にげられない、救い出せない、やるせない、、、

【核心を一文で表現する（パターン文を創る）】

• 子どもはそれと知らずに大人社会のシステムに翻弄される

• それと知らずに、社会システムに翻弄される

ふりかえり

社会に対する違和感にアプローチする

働きがいや生きがいを感じるために、社会に対する違和感にアプローチすることは大切です。

小さな違和感はそこらじゅうにありそうですが、気づかないまま日々を送っているうちに見失ってしまいがちです。小さな違和感に耳を傾け、とぎすますことで、大きな気づきが生まれるかもしれません。

PRACTICE 1-3をおこなって気づいたことを自由に書いてみましょう。

PRACTICE 1-1-2-3は、一人で取り組むのもよいですが、ペアやグループ、研修内でおこなうことをおすすめします。誰かに聞き手になってもらうと、感じていることを表現しやすくなります。

より自分が感じているものの、まだ気づいていない何かをつかめるでしょう。

例：厚生労働省の「保育所保育指針」（平成29年）でも午睡
は一律とならないよう配慮することとなっている。
幼児期は睡眠のリズムを発達させる大切な時期だから
だ。しかし、現状は一律午睡が多いし、保育者や親も含
め多くの人は疑問をもたない。午睡を廃止した自治体も
ある。やればできるのだ。
子どもの成長する道筋を支える社会システムを作りた
いと強く思う。

大人社会の
システムに
翻弄される

違和感
もやもや

P
R
A
C
T
I
C
E
1

TRY!

【ことがらを書く】

【「この感じ」を感じながら、ことばにする】

【核心を一文で表現する（パターン文を創る）】

【気づいたことを自由に書く】

まだことばになっていないものを
漠然力で感じとる

PRACTICE **1**‐**1**〜**3**に取り組んでいただきました。

自分への新たな気づきもあったのではないでしょうか。また、日々の暮らしや職場や社会に対して自分の中にあったもののことばになっていなかったものが浮かびあがってきたのではないでしょうか。

私たちが思考していることの中で、ことばになっているものはごくわずかです。大部分はあいまいなまま、とくに意識されることなく、存在しているのです。それを感じとるのが**漠然力**です。違和感にとどまることは、その第一歩です。

クロッシングで
「ばくぜん」とした価値観に迫る

PRACTICE **1**‐**1**〜**3**であなたのこだわり、矛盾、小さな違和感に注意を向けました。どれも広い意味で「違和感」といえます。ここから先は、それを「違和感」と総称することにし、その源にある「ばくぜん」としたあなたの価値観に迫ります。そのためにおこなうのが「クロッシング」です。3つのパターン文をクロッシング（交差）させていきます。

パターンの繰り返し可能性を活かし、1つのことがらのさまざまな側面を浮かびあがらせていきます。クロッシングさ

せると、1つのことがらに注意を向けただけでは、気づかなかった新たな気づきが立ち現れてきます。

PRACTICE ❶-❶〜❸で感じた感じをさらに深めていくようなイメージです。思考が深まり、自分の考えの重要な部分が浮かびあがってきます。

パターン交差

いろいろなクロッシングの方法がありますが、TAE思考法では、パターンを使ってクロッシングする「パターン交差」をおこないます。

パターン交差のさまざまな方法の中で、本書では取り組みやすい簡便法を紹介します。初心者でもクロッシングの醍醐味に触れられる方法です。

PRACTICE ❶-❶〜❸の3つのことがらと3つのパターン文を使って、TAE思考法をさらに進めていきましょう。

④ 3つの違和感を クロッシングする

所要時間 **15**分

パターン文を前半と後半に分けて書く

■ パターン文を前半と後半に分けて、表を作ります。

	パターン文前半	パターン文後半
①	パターン文1の前半	パターン文1の後半
②	パターン文2の前半	パターン文2の後半
③	パターン文3の前半	パターン文3の後半

パターン文の前半と後半の組み合わせを変えて文を 作り、それをもとに新パターン文を創る

■ パターン文1の前半に、他のパターン文の後半を続け、
前半と後半の組み合わせを変えた文を作ります。

■ パターン文1の前半とパターン文2、3の後半を組み合
わせた文を作り、その後、あなたの価値観に合うように、
その文を活かしながら文を書き直します。

• 3つの違和感のもとになったあなたの価値観に迫りま
す。難しく考えず、感覚的におこなってください。

• 正解があるわけではありません。あなたが感じることを
書きとめればいいのです。

• 書き直した文を「新パターン文」と呼びます。

→ パターン文をクロッシングし、新パターン文を創る

例：

PRACTICE❶❶～❸の例としてあげた３つのことがらをクロッシング（交差）させます。

【パターン文を前半と後半に分けて書く】

	パターン文前半	パターン文後半
①	必要を	みきわめる
②	「外見をつくる」のも	仕事の内だ
③	それと知らずに	社会システムに翻弄される

クロッシング

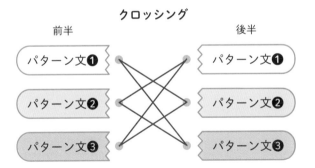

前半　　　　　　　　　　　　　　後半

パターン文❶　　　　　　　　パターン文❶

パターン文❷　　　　　　　　パターン文❷

パターン文❸　　　　　　　　パターン文❸

		パターン文前半	パターン文後半		新パターン文
④	1	パターン文1の前半	パターン文2の後半	2	➡新パターン文 (1)
⑤	1	パターン文1の前半	パターン文3の後半	3	➡新パターン文 (2)

◪ パターン文2の前半に他のパターン文の後半を続け、前半と後半の組み合わせを変えた文を作ります。

◪ ④⑤と同様に、それぞれの文を活かしながら、3つのことがらに表れている「あなたが感じる違和感」に合うように書き直します。

		パターン文前半	パターン文後半		新パターン文
⑥	2	パターン文2の前半	パターン文1の後半	1	➡新パターン文 (3)
⑦	2	パターン文2の前半	パターン文3の後半	3	➡新パターン文 (4)

◪ パターン文3の前半に他のパターン文の後半を続け、前半と後半の組み合わせを変えた文を作ります。

◪ ④〜⑦と同様に、それぞれの文を活かしながら、「あなたが感じる違和感」に合うように書き直します。

		パターン文前半	パターン文後半		新パターン文
⑧	3	パターン文3の前半	パターン文1の後半	1	➡新パターン文 (5)
⑨	3	パターン文3の前半	パターン文2の後半	2	➡新パターン文 (6)

例：【パターン文の前半と後半の組み合わせを変えた文を
　　作り、それをもとに新パターン文を創る】

パターン文1前半×パターン文2、3後半

		パターン文前半	パターン文後半		新パターン文
④	1	必要を	仕事の内だ	2	➡世の中に必要とされるものを、自分の仕事の中に見出す
⑤	1	必要を	社会システムに翻弄される	3	➡社会システムに翻弄され、ほんとうに必要なものがわからない

パターン文2前半×パターン文1、3後半

		パターン文前半	パターン文後半		新パターン文
⑥	2	「外見をつくる」のも	みきわめる	1	➡「外見をつくる」のも、ある程度に止めておくべきだ
⑦	2	「外見をつくる」のも	社会システムに翻弄される	3	➡「外見をつくった」つもりでも、社会に受け入れられないこともある

パターン文3前半×パターン文1、2後半

		パターン文前半	パターン文後半		新パターン文
⑧	3	それと知らずに	みきわめる	1	➡知らず知らずのうちに、「こんなものだ」と諦めてしまう
⑨	3	それと知らずに	仕事の内だ	2	➡気づいていないが、仕事の中にやりたいことが入っている

ふりかえり

3つのことがら、9つのパターンを感じる

PRACTICE ①〜④を通じ、パターン文①〜③と、新パターン文(1)〜(6)の9つのパターンが得られました。

3つのことがらと9つのパターンを照らし合わせながら、よく感じます。

違和感を生み出すもとになった自分の価値観について、気づいたことがあるでしょうか。

その他、どんなことでもかまいません。気づいたことを自由に書きます。

PRACTICE ①〜④は、一人で取り組むのもよいですが、ペアやグループ、研修内でおこなうことをおすすめします。

誰かに聞き手になってもらうと、感じていることを表現しやすくなります。より自分が感じているものの、まだ気づいていない何かをつかめるでしょう。

例：社会システムに翻弄され、ほんとうに必要なものがわか
らなくなりがちな世の中だが、私はほんとうに必要なも
のを見きわめたいと考えていると思う。

仕事として「外見をつくる」こともやるが、それもある
程度までに止めるほうがよい。つくったつもりでも、社
会に受け入れられるとも限らない。知らず知らずのうち
に、「こんなものだ」と妥協してしまっているところも
あるだろうが、それも時と場合によっては必要なことだ
ろう。

それよりも、ほんとうに世の中で必要とされているもの
を、自分の仕事の中に見出したい。今の仕事の中に、世
の中で必要とされていて、自分の能力や立ち位置が役立
つことがあるかもしれない。

それに気づいていないだけかもしれない。

TRY!

	パターン文前半	パターン文後半
①		
②		
③		

	パターン文前半	パターン文後半	新パターン文
④	1	2 ➡	
⑤	1	3 ➡	

【パターン文と新パターン文の全体を感じ、
気づいたことを書く】

	パターン文前半	パターン文後半	新パターン文
⑥	2	1	→
⑦	2	3	→

	パターン文前半	パターン文後半	新パターン文
⑧	3	1	→
⑨	3	2	→

解説 クロッシングで 立ち上がる新パターン

あらゆる言語の使用はメタファー的である。……私たちが語る話題の範囲や状況と、新鮮にクロス（交差）する。

(『プロセスモデル』2023, p.87, 一部筆者改訳)

ジェンドリンは、上のようにいっています。

クロッシングにより、思いがけないパターンが立ち上がってきたのではないでしょうか。

もやもやしていて、はっきりと捉えられない何かを感じるとき、クロッシングをツールとして使うと、新しい何かが生まれ、「これ」とつかめるかもしれません。

ぜひ試してみてください。

続いて、インターロッキングをおこなっていきます。

あらゆる言語の使用はメタファー的だ

あらゆる言語の使用はメタファー的である。……私たちが語る話題の範囲や状況と、新鮮にクロス（交差）する。（『プロセスモデル』2023, p.87, 一部筆者改訳）

⑤ インターロッキングし核心を表現する

所要時間 **10**分

タームを選ぶ

☐ インターロッキングを始めるにあたり、パターン文、新パターン文など、ここまでの全体を感じ、タームを選びます。

• 数に決まりはありませんが、ここでは3つにします。

• タームを選ぶときに必要な条件があります。3つのタームがある1つの「この感じ」に関連していることです。

☐ タームを選ぶときには、まず、ジェル化した「感じ」全体の大きさをイメージするように感じます。

• 全身感覚を「ばくぜん」と感じていると、ゆるやかなまとまりが生じ「この感じ」と感じられます。ジェンドリンが、それを「ジェル化」と呼ぶことはすでに紹介しました（p.64）。インターロッキングは、タームを組み合わせてジェルの中に骨組みを作るイメージの作業です。

• PRACTICE ❶-❺ のようにクロッシングに引き続いておこなう場合は、クロッシングしたときに書いたシートを眺めながら、全体を感じるようにします。

• PRACTICE ❶-❺ では、3つの違和感のもとになった価値観の「感じ」を「ばくぜん」と感じます。

• なるべく大きく、全体がつかめそうな3つのタームを選びます。

→ タームを選ぶ、主語を変えて核心を表現する、
うまく表現できている一文を選ぶ

例：【タームを3つ選ぶ】

「見きわめ」「妥協」「願望」

TRY! 【タームを3つ選ぶ】

タームのそれぞれを主語にした文を書く

◩ タームのそれぞれを主語にし、気づいたことの中心と感
じられること（核心）を、主語を変えて3回書きます。

• この時、3つの違和感とそのもとになっている価値観を
感じようと努めながらおこないます。これにより、メタ
ファーの働きが活性化します。

• 同じ内容を違った言い方で3回書くことになります。矛
盾や破綻なく、うまく同じ内容が表現できれば、論理的
に組み合わされたと考えます。

• ジェルのようにやわらかくまとまった「直接照合体」の
中に骨格が組み上がったイメージです。これが「イン
ターロッキング」です。

◩ うまく表現できるまで何度か書き直します。

うまく表現できている一文を選び、感じる

◩ うまく書けたら、もっともうまく表現できている一文を
選びます。

• 自分にとって、もっともよいと感じられれば充分です。

• ここでは、他の人に理解してもらうことより、自分の感
覚を優先します。何度か読み、味わいます。

補足説明を書く

◩ 必要に応じて補足説明を書き、終了します。

例：【それぞれを主語として、気づきの核心を表現する】

- **見きわめ**は、妥協をおしとどめ、願望をきわ立たせる

- **妥協**は、見きわめによりおしとどめられ、願望に道を譲る

- **願望**は、見きわめによりきわ立ち、妥協に勝る

　　【うまく表現できている一文を選び、補足説明を書く】

　最初の文「**見きわめは、妥協をおしとどめ、願望をきわ立たせる**」がもっともわかりやすい。

　仕事をする上では、当然、妥協が必要だが、どこまで妥協するかを見きわめることが、自分の願望や譲れないポイントをきわ立たせることにもなる。

TRY!

　【それぞれを主語として、気づきの核心を表現する】

　【うまく表現できている一文を選び、補足説明を書く】

解説 **クロッシングと**
　　　　インターロッキング

　PRACTICE ❶-❹では、パターンの繰り返し可能性を活か
し、経験の別の側面を浮かびあがらせました。クロッシング
です。

　ジェンドリンは、あらゆる言語の使用はメタファー的（隠
喩的）であり、クロッシングだといいます。語はクロッシン
グするとき、互いを開き、論理的に導かれること以上のこと
を生み出します。そして、このことは、日常の言語や行為が
論理よりももっと複雑な秩序をもっていることの表れです。

　LESSON part でも、PRACTICE part でもパターンを創りま
したが、さまざまなパターンが考えられるのではないか、正
解はあるのだろうかと、疑問をもった読者もいるかもしれま
せん。正解はたくさんあります。しかし、何でもいいわけで
はありません。

　ジェンドリンは次のようにいいます。

　私たちは、どんな状況の中でもどんな語でも使うことができ
るが、その語は、そこで（もしそれがあるのなら）それが何
であれ、クロッシングが作る意味だけを語る。……そのク
ロッシングから得られることは、恣意的ではない。クロッシ
ングは、ある種の真実を持つ。（『プロセスモデル』2023. p.88.
筆者一部改訳）

私たちの行動は、例えば「走りながら水を飲めない」「伐り倒した木には登れない」というふうに互いに関係し合っています。そのありようは身体のありようにもとづいています。

　身体プロセスではすべてのサブプロセスが互いに互いを含み関係し合っており、さらに、呼吸と空気、歩行と地面のように、刻々と変化する環境とも相互に作用し合っています。さらにそれは、より広い有機的秩序の中にあります。そこには論理以上の複雑な秩序があるのです。メタファーは、その秩序と関連します。

　PRACTICE ❶〜❺では、メタファーを使い、生成したタームを論理的に破綻のない文に仕上げていきました。インターロッキングです。インターロッキングは、日本語に訳すと、「かみ合わせる」「組みあげる」です。論理以上の複雑な秩序を含みこんだ論理的な文を創るという、一見、矛盾したことを可能にしていく際のツールとなります。

　PRACTICE ❶では、こだわりや違和感にアプローチしました。PRACTICE ❷では、理想やあこがれにアプローチします。「働きがい」を感じるためには、自分の理想の姿をイメージすることも大切になってくるでしょう。

　テーマを変えて、クロッシングとインターロッキングをツールとして使ってみましょう。

1 あこがれの起業家、ビジネスマン

所要時間
20分

あこがれの起業家、ビジネスマンを思い浮かべる

☐ あこがれの起業家、または、ビジネスマンを一人、思い
浮かべてください。身近な人よりも、ある程度、著名な
人の方がいいです。

その人に関することがらを書く

☐ その人に関することがらを、書きとめてください。

- あなたが知り得るのは、いくぶん脚色されたストーリー
  かもしれませんが、かまいません。

- ここで知りたいのは、その人のことではなく、あなたの
  理想像です。重要なのは、彼／彼女ではなく、あなたです。

> ことがらを書く、「この感じ」をことばにする、
> 核心を一文で表現する（パターン文を創る）、
> 説明や気づきを自由に書く

例：二階堂トクヨ（1880－1941）

【あこがれの人について知っていることがらを書く】

　尊敬する起業家として二階堂トクヨ氏をあげたい。

　日本に「女子体育」という考え方すらなかった時代に、そのあるべき姿を求め続け、ほとんど独力で学校を作った。大正時代に単身イギリスに渡り、現地の御令嬢に混じってバレエを学んだりもしている。勇気がある人だ。

　国語教師として赴任するはずが苦手な体操を担当することになったのがきっかけだというのも驚きだ。

　トクヨ氏の作った学校は日本女子体育大学として現在も続いている。

TRY!

　【あこがれの人について知っていることがらを書く】

身体の内側に注意を向け、あこがれを感じる

- ことがらを書きとめたら、その人への「あこがれ」を感じながら、身体の内側に注意を向けます。

- 感じられる「感じ」を、ことばにせずに「この感じ」と感じます。

「この感じ」を書きとめる

- **PRACTICE 1** と同じように、「この感じ」を感じながら、ことばを書きとめます。

核心を一文で表現する（パターン文を創る）

- 「この感じ」の核心を、一文で表現してください。

気づいたことを自由に書く

- 説明したいことや気づいたことを自由に書いてください。

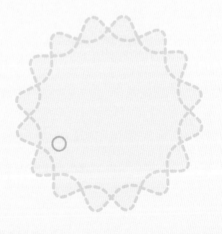

例：【「この感じ」を感じながら、ことばにする】

　　前人未到、裸一貫、クリエイティブ、勇気、、、、

　　【核心を一文で表現する（パターン文を創る）】

　　• 前人未到の道を邁進する

　【説明や気づきを自由に書く】

　最初は不本意ながら担当した仕事が、後に天職となった
例だ。トクヨ氏の描いた「女子体育」像は当時の日本で
は革新的だった。周囲との軋轢や先輩との確執があって
も、孤軍奮闘、理想を掲げ続けた勇気にあこがれる。
ダンス（表現活動）を重視する体育のあり方は、現在で
は男女を問わず、日本の学校体育に広く浸透している。

TRY!

　【「この感じ」を感じながら、ことばにする】

　【核心を一文で表現する（パターン文を創る）】

　【説明や気づきを自由に書く】

**あこがれの起業家、ビジネスマンをもう一人あげ、
同様におこなう**

▢ あこがれの起業家、または、ビジネスマンをもう一人、
あげてください。

▢ **PRACTICE 2-1**（pp.134-137）と同様におこなってください。

例：(弘世現1904－1996)

【ことがらを書く】

「劇団四季」を知らない人はいないだろうが、弘世現氏との関係はあまり知られていないかもしれない。1964年、日本生命保険相互会社の社長であった弘世氏は、「戦後の荒廃の只中にいる子供たちの心に、夢を与えてほしい」と浅利慶太氏に日生劇場での子ども向けプログラムの開催を依頼した。浅利氏はそれに応じミュージカルを上演、発展させ、やがて「劇団四季」を創設した。一方、弘世氏は「ニッセイ名作劇場」として、その公演に小学生を学校単位で招待し続けた。劇団の経済基盤の安定に一役買っただけでなく、将来の観客を育て続けたのである。2013年までに、上演数は4,969回に達し、のべ777万人の児童が観劇したという。長期にわたり大規模に、芸術の創り手と受け手の両方を育てたところが素晴らしいと思う。企業家だからこそできた社会貢献だろう。

【「この感じ」を感じながら、ことばにする】

未来、夢、子ども、長期、大規模、作り手、受け手、、、

【核心を一文で表現する（パターン文を創る）】

• 未来を先取りし、(受け授けの)両側を育て続ける

【説明や気づきを自由に書く】

芸術の創り手、受け手の両方を育てたところが、素晴らしいと思う。大規模に長期におこなったからできたのだろう。「夢を与える」の「夢」は何だろう。「芸術」を通じて得られる「感動」と言えるだろうか。

あこがれの起業家、ビジネスマンをさらにもう一人 あげ、同様におこなう

◻️ あこがれの起業家、または、ビジネスマンをもう一人、 あげてください。

◻️ **PRACTICE 2-1** (pp.134-137) と同様におこなってください。

PRACTICE 2-1 は、一人で取り組むのもよいですが、ペア やグループ、研修内でおこなうことをおすすめします。誰かに 聞き手になってもらうと、感じていることを表現しやすくなり ます。自分が感じているものの、まだ気づいていない何かがつ かめることでしょう。グループでおこない、さまざまなあこが れや理想にふれるのも楽しいものです。

例：公文公（1914－1995）

【ことがらを書く】

私自身は公文式で学習したことはないが、公文式の創設者、公文公氏を尊敬している。今や世界60を超える国や地域で数百万人が学んでいるというから、教育ビジネスとして成功しているといってよいだろう。

公氏が息子のために作った手書きのプリントが、ここまで発展したのだから驚く。価値観と方法が一体でしかもシンプルだ。60年以上続き実績も出ている。

時代の流れや国の制度の影響をあまり受けない方法だ。だから普遍性がある。

【「この感じ」を感じながら、ことばにする】

普遍的、本質、シンプル、強い、コツコツ、、、

【核心を一文で表現する（パターン文を創る）】

• 本質を捉えシンプルに作る

【説明や気づきを自由に書く】

公文公さんの「もっといいものはいつもある」の言葉も好きだ。人の成長の本質を捉えている言葉だと思う。

シンプルなだけに、時を経ても変わらない強さがありそうだ。

TRY!

さん

【ことがらを書く】

【「この感じ」を感じながら、ことばにする】

【核心を一文で表現する（パターン文を創る）】

【説明や気づきを自由に書く】

TRY!

さん

【ことがらを書く】

【「この感じ」を感じながら、ことばにする】

【核心を一文で表現する（パターン文を創る）】

【説明や気づきを自由に書く】

②あこがれをクロッシングする | 所要時間 15分

□ **PRACTICE①〜④** （p.118-121）と同様におこないます。

□ パターン文を前半と後半に分けて、表を作ります。

例：【パターン文を前半と後半に分けて書く】

		パターン文前半	パターン文後半	
①	1	前人未到の道を	邁進する	1
②	2	未来を先取りし	（受け授けの）両側を育て続ける	2
③	3	本質的を捉え	シンプルに作る	3

□ パターン文1の前半にパターン文2、3の後半を続けた文を作り、それぞれの文を活かしながら、3つのことがらに表れている「あなたが感じるあこがれ（の感じ）」に合うように書き直し、新パターン文を創ります。

例：【パターン文1の前半にパターン文2、3の後半を続けた文を作り、それをもとに新パターン文を創る】

		パターン文前半	パターン文後半		新パターン文
④	1	前人未到の道を	（受け授けの）両側を育て続ける	2	➡両側を作るから道ができる
⑤	1	前人未到の道を	シンプルに作る	3	➡最初の道はまっすぐ作る

→ パターン文をクロッシングし、新パターン文を創る

【パターン文を前半と後半に分けて書く】

		パターン文前半	パターン文後半
①	1		1
②	2		2
③	3		3

【パターン文1の前半にパターン文2、3の後半を続けた文
を作り、それをもとに新パターン文を創る】

		パターン文前半	パターン文後半	新パターン文
④	1		2 →	
⑤	1		3 →	

■ パターン文2の前半に他のパターン文の後半を続け、前半と後半の組み合わせを変えた文を作り、3つのことがらに表れている「あなたが感じるあこがれ（の感じ）」に合うように書き直し、新パターン文を創ります。

例：【パターン文2の前半にパターン文1、3の後半を続けた文を作り、それをもとに新パターン文を創る】

		パターン文前半	パターン文後半		新パターン文
⑥	2	未来を先取りし	邁進する	1	➡先が見えているから邁進できる
⑦	2	未来を先取りし	シンプルに作る	3	➡先取りした未来を、シンプルな形に作る

■ パターン文3の前半に他のパターン文の後半を続け、前半と後半の組み合わせた文を作り、同様に「あなたが感じるあこがれ（の感じ）」に合うように書き直し、新パターン文を創ります。

例：【パターン文3の前半にパターン文1、2の後半を続けた文を作り、それをもとに新パターン文を創る】

		パターン文前半	パターン文後半		新パターン文
⑧	3	本質的を捉え	邁進する	1	➡本質を捉えると、ぶれずに邁進できる
⑨	3	本質的を捉え	（受け授けの）両側を育て続ける	2	➡本質を捉え、（受け授けの）両側を育て続ける

【パターン文の前半と後半の組み合わせを変えた文を作り、
　それをもとに新パターン文を創る】

パターン文2前半×パターン文1、3後半

	パターン文前半	パターン文後半	新パターン文
⑥ 2		1	➡
⑦ 2		3	➡

パターン文3前半×パターン文1、2後半

	パターン文前半	パターン文後半	新パターン文
⑧ 3		1	➡
⑨ 3		2	➡

ふりかえり

パターン文と新パターン文を照らし合わせて感じる

PRACTICE 2-2 を通じ、パターン文①〜③と、新パターン文(1)〜(6)の9つのパターンが得られました。

3つのことがらと9つのパターンを照らし合わせながら、よく感じます。

気づいたことを自由に書きとめます。

みなさんは、どんな気づきがあったでしょうか。あこがれの人がますます魅力的に感じられてきたことでしょう。あこがれる理由が明確になったかもしれません。

次に、インターロッキングをツールとして使ってみましょう。

→ パターン文と新パターン文の全体を感じ、
　気づいたことを書く

例：3つのパターンと6つの新パターンを合わせ見ると、「**本**
　　質を捉え、未来を先取りし、道の両側を作る」となる。
　　シンプルな形に作り込むと、人と物の両方、また、与え
　　る（売る）と受ける（買う）の両方が、さまざまに発展
　　し、続いていく。

TRY!

【パターン文と新パターン文の全体を感じ、
　気づいたことを書く】

3 インターロッキングし核心を表現する

所要時間
10分

PRACTICE ❶-❺(pp.128-131)と同様の手順でおこなってください。

例：【タームを3つ選ぶ】

「**本質**」「**作り込み**」「**発展**」

【それぞれを主語として、気づきの核心を表現する】

- **本質**が物に作り込まれ、（受け授けの）両側が発展していく。

- **作り込み**が物に本質を内包させ、それが（受け授けの）両側で発展していく。

- **発展**は、本質が作り込まれた物を媒介に、（受け授けの）両側で続く。

【うまく表現できている一文を選び、補足説明を書く】

最初の文「**本質が物に作り込まれ、（受け授けの）両側が発展していく**」がもっともわかりやすい。

あこがれの起業家3人は、ダンスだったり、学習プリントだったり、ミュージカルだったりと、いずれも「**本質**」を具体的な形にしている。「**本質**」が、それに関わる人の間で展開するのを可能にしている。

タームを選ぶ、主語を変えて核心を表現する、
うまく表現できている一文を選ぶ

TRY!

【タームを3つ選ぶ】

【それぞれを主語として、気づきの核心を表現する】

【うまく表現できている一文を選び、補足説明を書く】

解説 あと少し、あと一手をつかむ

「あこがれ」は全身感覚の1つです。**THEORY** part（p.64）で、「ジェル化」について述べましたが、全身感覚のまとまりは、うまくいかずに行きづまるときだけでなく、何かがつかめそうでつかめないときにも生じます。

「あと少し」「あと一手」のときです。つかめそうなそこにある感覚を「ばくぜん」と感じましょう。それは感動してことばにならないときにも生じます。「おお！」「わあ！」の感じです。その感じにとどまり、感じ続けましょう。「この感じ」と感じられるとき、新パターンが生成されています。

「この感じ」は「ゆくて」の感覚です。ジェンドリンは「変えられつつあるものとしての方向」と表現し、「私が向かっていこうとするのはこの方向である」という感覚だとしています。

……人は、今目の前に特定の何かを見るときに、さらにその詳細を望むのであるが、それに加えてその中にその最善の変化をも望むのである。（『プロセスモデル』2023, p.375）

人は目の前の何かに「あいまい」なまま、「もっともよい方向」への変化を望むのです。「ゆくて」は、その「方向」です。何かに感動したとき、いいなあと感じたとき、その感じにとどまり、しっかり感じましょう。

自分のことばで表現できるTAE思考法

PRACTICE ❷で、あこがれの起業家、ビジネスマンを3人あげ、クロッシングし、気づきをことばにし、インターロッキングしました。これにより、自分の仕事観や価値観、重視していることが見えてきたのではないでしょうか。自分の仕事観とは何か、直接的に考えるよりも的確に自分の感じとフィットする何かをつかめた感じはありませんか？

　TAE思考法は、全身感覚を使ったアプローチなので、自分の感じと、ことばのフィット感がリアルに感じられます。一般的なことばではなく、自分のことばで表現することができるのです。

　LESSON part、**PRACTICE part**を経て、TAE思考法の4つの技法「メタファー」「パターン」「クロッシング」「インターロッキング」を体感してもらいました。TAE思考法はどんなものか、つかめてきたでしょうか。何かもやもやしていたものが晴れるような感じを味わうことができたでしょうか。

　全身感覚に注意を向けたり、メタファーを働かせたりすることは、すぐには難しい方もいるかもしれません。しかし、それは何も難しいことではなく、日ごろから誰でもやっていることなのです。難しいと感じる方は、**EXERCISE part**に戻ってもう一度取り組んでみてください。もやもや、いらいら、うつうつ、を感じたときにも取り組んでみましょう。

私たちは相互作用そのものである

あなたの視点から世界を生きているのはあなたしかいない。 あなたが感じる「さらに先にあるもの（the more）」を全く同じように感じる有機体はいない。……私たちは単に相互作用をしているのではない。他の人々、世界、宇宙といった環境との、相互作用そのものであり、それ自体を感じることができる。（「TAE序文」2004, 筆者訳）

SYSTEMATIC
part

働く私の「ゆくて」をつかむ

「働きがい」をリアルに感じる

SYSTEMATIC **part** では、日々の仕事をテーマにし、TAE（たえ）思考法で「働く私」の「ゆくて」をつかみます。「働く私」の現在地が確認でき、「働きがい」がリアルに感じられるようになります。

これまで学んだ「メタファー」「パターン」「クロッシング」「インターロッキング」の技法を、系統的に使っていきます。本書のワークを通して体験していただいたように、これらの技法は単独でも効果があります。しかし、系統的に連続させると、さらに効果的です。

ここでは、「働きがい」そのものをテーマとしてTAE思考法を系統的に使っていきましょう。

「働きがい」を感じ、より「なりたい自分」へ

さて、「働きがい」とは何でしょう。辞書的な「かい（甲斐）」の定義は、すでに述べたように、「労力を費やしたなりの効果や対価、満足感などが得られる様子」という意味でした。何がどれくらいあれば「満足感」が得られるのかは人によって違いますが、表層的な「満足感」ではなく、心底から「満ち足りた感じ」を味わってこそ「かい（甲斐）」があるといえます。

それが、自己意識の変容や行動変化への鍵を握ります。心

底から感じたことは、深く身体に刻まれます。その後の思考や行動、発することばが、自然に違ってきます。誰かに言われて変わるのではなく、自分から変わるのです。より自分らしく、「なりたい自分」になっていくのです。

　全身感覚を「ばくぜん」と感じることから出発するTAE思考法はそれを可能にする方法です。身体プロセスに働きかけながら表現していくので、「満ち足りた感じ」が深く身体に刻まれます。

今期の振り返りと来期の目標設定の際に

　ビジネスパーソンのみなさんは、四半期や半期に１回、１年に１回など、定期的に人事考課をおこなっているのではないでしょうか。その際、目標が達成できたか振り返りをし、来期の目標を設定していることと思います。その時に、「働きがい」をテーマにして、TAE思考法に取り組んでいただきたいと思います。

　それぞれの企業が設計する人事考課の方法や評価基準にもやもやすることは少なくないように思われます。そんな時こそ、TAE思考法の出番です。自分はどうなりたいのか、どうしたいのか、どう考えているのか、全身感覚をたよりに考えてみましょう。

　まずは、「仕事で感じた満足感」を拾い上げましょう。

　筆者自身がおこなった実施例を紹介しながら進めます。

1 仕事で感じた満足感を拾う

満足感を味わった経験を思い起こし、感じる

☐ 「仕事を通じて満ち足りた感じを味わった経験」を1つ思い起こし、「この感じ」と感じてみましょう。

- 小さな経験でかまいません。一瞬のできごとでもいいのです。今、「その感じ」が戻ってくるような、そんなできごとはありませんか。

☐ まず、ことばにせずに、「その感じ」を感じます。

☐ その「感じ」をテーマにし、少しずつことばにしていきます。

例：私は長年、大学に勤務してきました。

　　　大学教員の仕事には、授業や研究のほか、事務仕事などさまざまありますが、「満ち足りた感じ」として、真っ先に思い浮かぶのは、授業中に感じる「ある感じ」です。今、感じていてもうまくことばにできません。教室の中で何かが動いているような感じです。

　　　常に感じると言いたいところですが、むしろ浮かぶのは、それを強く感じいくつかの場面です。ことばにするならば「授業がうまくやれている感じ」でしょうか。

TRY!

【仕事を通じた「満ち足りた感じ」を思い起こす】

> ここは、何も書かず、ゆっくり感じます。

2 マイセンテンスを創る

まず「**マイセンテンス**」と呼ぶ短い一文を創ります。

マイセンテンスとは

「私の独自の文」という意味です。言外に「他の人にはわからないかもしれないけれども」という意味を含みます。背景には「この感じ」はことばにしにくい（なりにくい）ものだという前提があります。人に理解してもらおうとしてことばにすると、表面的な言い回しになってしまったり、建前に終わってしまったりすることも多いものです。それを防ぐために、あえてマイセンスを創ってから始めます。

自分の感性に忠実に進める決意表明でもあります。

仮マイセンテンスを創る
→マイセンテンスシート①つかむ

☐ **LESSON** part でおこなったように、「この感じ」を感じながら、浮かんでくることばを、ぽつ、ぽつ、と置いていきます。書きとめることばは少なく、感じる時間を多くします。ことばは10個も書けば十分です。

☐ 次に、その中の2、3語を組み合わせ、「この感じ」を表現します。この文を仮マイセンテンスと呼びます。仮マイセンテンスで「この感じ」をつかみます。

仮マイセンテンスを創る、スロット文を作る、
マイセンテンスを完成させる

例：マイセンテンスシート①つかむ

TAE をおこなうテーマを書き、テーマについての感じを「この
感じ」と感じる

授業がうまくやれている感じ

「この感じ」に浸りながら浮かんでくることばを書く

きびきび、はつらつ、時間を切る、学生を動かす、自分ではない、
学生が話す、、、

{ } にことばを入れ「この感じ」を短い一文にする
* { } を仮マイセンテンスと呼ぶ

「この感じ」は{ はつらつと動かす }という感じである。

TRY! マイセンテンスシート①つかむ

TAE をおこなうテーマを書き、テーマについての感じを「この
感じ」と感じる

「この感じ」に浸りながら浮かんでくることばを書く

{ } にことばを入れ「この感じ」を短い一文にする
* { } を仮マイセンテンスと呼ぶ

「この感じ」は{ }という感じである。

スロット文を作る→マイセンテンスシート②深める

☐ 仮マイセンテンス中にスロット（空所）を作ります。

- スロットはどこでもよいのですが、「大切だ」とか「もっと探ってみたい」と感じる部分を選ぶとよいでしょう。

- スロットを表現することばを、あれこれと探ります。

☐ 浮かびあがってくることばをキーワードとし、キーワードの辞書的意味と、「この感じ」の独自の意味を確認します。

※「辞書的」とは一般的という意味です。辞書を引いても、引かずに一般的な使い方を考えて書いてもよいです。

※「独自」とは辞書的意味から外れていたり、より具体的だったりするという意味です。キーワードを替えながら、あれやこれや、行ったり来たりしながら感じます。メタファーが働き、感覚やことばのつながりが生じる可能性を最大化するための工夫です。

　実施例では、仮マイセンテンス「**はつらつと動かす**」の「**動かす**」の部分をスロットにしました。もっとぴったりくることばがありそうな気がしたからです。

　３つのキーワードとして「**動かす**」「**指示する**」「**ゆだねる**」が浮かびあがりました。仮マイセンテンスのスロットに戻すと「**はつらつと動く**」「**はつらつと指示する**」「**はつらつとゆだねる**」となります。どれも「授業がうまくやれている感じ」の表現として悪くありませんが、どれもしっくりこない気もします。ここではまだ、しっくりくる表現になっていなくてかまいません。しばらく手順どおり進むことにします。

　「この感じ」をさらに、深く感じていきます。

例：マイセンテンスシート②深める

仮マイセンテンスから、探ってみたいことばを選び、それを取り除きスロット（　　）にする。
はつらつと　（　　　　　　　　　　　　　　）。

仮マイセンテンスのスロットにあったことばをキーワード１とし、辞書的意味と、「この感じ」独自の意味を書く。重要だと感じられる部分に下線を引いておく。

キーワード１	動かす
辞書的意味	動くようにする、動きを起こす
独自の意味	明確に<u>指示する</u>、<u>すぐに</u>取りかかれるようにする、<u>無駄がない</u>、、、

スロットに入る別のことばをキーワード１の独自の意味の中から選ぶ。キーワード２とし、辞書的意味と「この感じ」独自の意味を書く。重要だと感じられる部分に下線を引いておく。

キーワード２	指示する
辞書的意味	他に指図する、命令する、手順や段取りを示す
独自の意味	<u>準備しておく</u>、<u>責任を持つ</u>、<u>誰でも</u>やれるようにしておく、<u>ゆだねる</u>、、、

スロットに入る別のことばをキーワード２の独自の意味の中から選ぶ。キーワード３とし、辞書的意味と「この感じ」独自の意味を書く。重要だと感じられる部分に下線を引いておく。

キーワード３	ゆだねる
辞書的意味	（権限などを譲って）まかせる
独自の意味	自主性、<u>やりたいように</u>やってもらう、準備してあるから<u>大丈夫</u>、、、

マイセンテンスを完成させる
　　　　　　　→マイセンテンスシート③つかみ直す

◻ キーワードの「この感じ」独自の意味から拾ったことば
　をぽつぽつと並べ、「、、、」を書いて終わります。

• 「、、、」はまだあるという意味です。

◻ 無言で「この感じ」に集中します。

◻ 次に、「この感じ」を一文で表現しようとする構えで、感
　じ続けます。

• うっすらとでも何か感覚が出てきたら、しっかりと感じ
　ます。それがパターンです。

• パターンが生じるのを待ちます。(→p.76参照)

◻ 生じたパターン感覚を一文で書きとめ、「マイセンテン
　ス」とします。

• 「マイセンテンス」により、「この感じ」をつかみ直します。

◻ マイセンテンスが意味することを詳しく補足しながら説
　明します。

• 気づいたことを書いておいてもよいでしょう。

　実施例では「**誰の１秒も無駄にしない**」になりました。

　我ながらずいぶんときっぱりとした表現だと思います
が、「この感じ」を言い得ている感じはあります。

例：マイセンテンスシート③つかみ直す

仮マイセンテンスのスロットに、すべてのキーワードと下線のことばを並べる（順不同）。最後に「、、、」をつけ、「この感じ」を表現するとすればどうなるだろうかと感じる。

はつらつと、（動かす、指示する、すぐに、無駄がない、準備しておく、責任を持つ、誰でも、ゆだねる、やりたいように、大丈夫、、、）。

[　　] にことばを入れ「この感じ」を短い一文にする。
[　　] をマイセンテンスと呼ぶ。

「この感じ」は、誰の1秒も無駄にしない という感じである。

マイセンテンスの意味を補足的に説明する。

私が担当している授業では、準備しておいたことを、時間を区切ってやっていく。6人グループで1人1分30秒ずつなど、細かく区切る。合図とともに始められるよう準備しておく。指示は明確に出す。内容は学生に委ねる。動きながら様子を見る。全員参加で次から次へと展開する。

TRY!

マイセンテンスシート②深める

仮マイセンテンスから、探ってみたいことばを選び、それを取り除きスロット（　　）にする。

| | （　　　　　　　　　　　）。 |

仮マイセンテンスのスロットにあったことばをキーワード１とし、辞書的意味と、「この感じ」独自の意味を書く。重要だと感じられる部分に下線を引いておく。

キーワード１	
辞書的意味	
独自の意味	

スロットに入る別のことばをキーワード１の独自の意味の中から選ぶ。キーワード２とし、辞書的意味と「この感じ」独自の意味を書く。重要だと感じられる部分に下線を引いておく。

キーワード２	
辞書的意味	
独自の意味	

スロットに入る別のことばをキーワード２の独自の意味の中から選ぶ。キーワード３とし、辞書的意味と「この感じ」独自の意味を書く。重要だと感じられる部分に下線を引いておく。

キーワード３	
辞書的意味	
独自の意味	

マイセンテンスシート③つかみ直す

仮マイセンテンスのスロットに、すべてのキーワードと下線の
ことばを並べる（順不同）。最後に「、、、」をつけ、「この感じ」
を表現するとすればどうなるだろうかと感じる。

(

).

[　　]にことばを入れ「この感じ」を短い一文にする。
[　　]をマイセンテンスと呼ぶ。

「この感じ」は、

[   ]

という感じである。

マイセンテンスの意味を補足的に説明する。

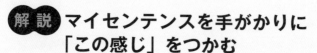

解説 マイセンテンスを手がかりに 「この感じ」をつかむ

いかがでしたか？ しっくりくるマイセンテンスを創ることができたでしょうか。

マイセンテンスを創るだけでも、最初は「ばくぜん」としていた「満ち足りた感じ」がくっきり、はっきりしてきたのではないでしょうか。

TAE思考法で大事なのは、常に全身感覚に注意を向けて、「この感じ」をつかむことです。マイセンテンスは、この先のステップを進めるにあたり、「この感じ」をつかむ手がかりにもなります。

SYSTEMATIC part のように系統的におこなう場合、時間がかかるため、途中で思考を中断することもでてくると思います。再開するときには、必ずマイセンテンスを感じることから始めましょう。

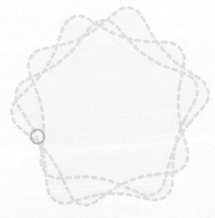

経験の細部が新しい関係を創る

細部間には多くの入り組んだ関係がある。……実際に起こる経験には、新しい精妙さを創る細部間の関係がある。（「TAE ステップ」2004, ステップ7, 筆者訳）

③ 経験からパターン文を創り クロッシングする

　続いて、「仕事で感じた満足感」を、より立体的につかんでいくために、テーマとしている「感じ」（「この感じ」）を経験した場面やできごとを集めていきます。

経験からパターン文を創る→経験パターンシート

☐「この感じ」を感じた経験を集めます。

　後でクロッシングするための準備です。

・いくつ書くか決まりはありませんが、長い経験を要約して書くよりも、短い場面を詳しく書くほうが、効果的です。ジェンドリンは「経験の細部が新しい関係を創る」といっています。

　筆者の実施例では、「授業がうまくやれている経験」を集め、4つあげました。

☐「経験」（場面）を書いた後、LESSON❷の要領で、気づいたことを一文で書き、パターン文とします。

・前半と後半に分けて書いておきます。後でクロッシングするための準備です。

> 経験からパターン文を創る、クロッシングして
> 新パターン文を創る、結果表にまとめ要所を表現する

例：経験パターンシート

経験（場面）1	パターン文1 （前半部）	パターン文1 （後半部）
特設のウェブサイトで先輩の作文を見て、ある表現を抜き出すタスクをおこなった。7分間。全員が集中して取り組んでいる。「こんなに集中できるんだ」と感心した。	時間を 区切れば	集中 できる
経験（場面）2	パターン文2前半	パターン2文後半
グループワークは得意な人たちだ。グループになって1分ずつ自己紹介、などとすると、みな、生き生きと活動する。話すのが好き、自分にスポットライトが当たることが嫌いじゃない。	スポット ライトが 当たると	やる気に なる
経験（場面）3	パターン文3前半	パターン文3後半
プリントをグループごとに数えておいて、学生代表にとりに来てもらい、グループに配ってもらう。すごくスムーズ。さあっとできる。すばやい気持ちのよい動き。一つの作業をしてもらっている間に次のプリントを用意する。時には2種類一緒に、など、次を考えながらセットしていく。こちらも無駄のない動き。	明確な 指示を 出して	効率よく 動かす
経験（場面）4	パターン文4前半	パターン文4後半
グループ内で自己紹介。自然に、笑いや拍手が起きる。内容は、お決まりの形式の自己紹介になってしまっているのだが、一人が終わるごとに、拍手が聞こえる。一つのグループがやると、他のグループもやるので、教室中に広がる。	たたえ合う スタイルを	身につけ ている

クロッシングして新パターン文を創る
→クロッシングシート

□ **PRACTICE ❶ ❹** (p.118〜121) と同じように、**クロッシン
グ**をおこないます。

> **クロッシングとは**
>
> ある経験から出したパターンを別の経験にあてはめて感じ
> ることで、メタファーを活性化し、新たな側面を立ち上げる
> 技法です。(p.116〜117参照)

□ パターン文の前半と後半の組み合わせを変えた文を作
り、「仕事で感じた満足感」に合うように書き直します。

例：クロッシングシート

【パターン文の前半と後半の組み合わせを変えた文を作り、
それをもとに新パターン文を創る】

パターン文前半	パターン文後半		新パターン文
1 時間を 区切れば	やる気になる	2	➡終わりがわかって いるからがんばれる
1 時間を 区切れば	効率よく 動かす	3	➡時間が限られている から効率よくやろう とする
1 時間を 区切れば	身につけて いる	4	➡同時間で繰り返すと 時間内にやれるよう になる

□ 他のパターンも同様におこない、経験を総当たりでクロッ
シングします。

例：クロッシングシート

パターン文前半		パターン文後半		新パターン文
2	スポットライトが当たると	集中できる	1	➡人目があると、やるべきことに集中する
2	スポットライトが当たると	効率よく動かす	3	➡人から見られていると、きびきび動く
2	スポットライトが当たると	身につけている	4	➡人から見られていると、かっこよく動こうとする

パターン文前半		パターン文後半		新パターン文
3	明確な指示を出して	集中できる	1	➡何をやるべきかわかるから、集中できる
3	明確な指示を出して	やる気になる	2	➡やるべきことが明確だから、やる気が出る
3	明確な指示を出して	身につけている	4	➡やるべきことを明確に指示すると動きやすい

パターン文前半		パターン文後半		新パターン文
4	たたえ合うスタイルを	集中できる	1	➡ほめられている間は、自分も自分に集中する
4	たたえ合うスタイルを	やる気になる	2	➡仲間にたたえられると、やる気になる
4	たたえ合うスタイルを	効率よく動かす	3	➡たたえ合うと、お互いをうまく動かせる

結果表にまとめ要所を表現する→クロス結果表

■ 総当たりでクロッシングした結果得られた新パターン文を、クロス結果表に転記します。

• 全体を捉えやすくするための工夫です。

■ 次に、新パターンを感じながら要所を表現することば（要所語と呼びます）を書いていきます。

• この時、複数のマス目で同じものが使えそうであればなるべく使うようにしながら書いていきます。

• 無理に同じことばを使う必要はありません。あくまでも、同じことばが使えそうかどうか感じてみるという柔軟な態度が大切です。

• 決めつけずにあれこれ探ることでメタファーが働きます。

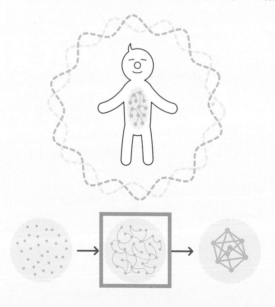

例：クロス結果表

パターン文前半 / パターン文後半	1 時間を区切れば	2 スポットライトが当たると	3 明確な指示を出して	4 たたえ合うスタイルを
1 集中できる		新パターン文 人目があると、やるべきことに集中する 要所語 集中、やる気	新パターン文 何をやるべきかわかるから、集中できる 要所語 明確、集中	新パターン文 ほめられている間は、自分も自分に集中する 要所語 やる気
2 やる気になる	新パターン文 終わりがわかっているからがんばれる 要所語 瞬間、やる気		新パターン文 やるべきことが明確だから、やる気が出る 要所語 明確、やる気	新パターン文 仲間にたたえられると、やる気になる 要所語 盛り上げ、やる気
3 効率よく動かす	新パターン文 時間が限られているから効率よくやろうとする 要所語 瞬間、やる気	新パターン文 人から見られていると、きびきび動く 要所語 人目、即行動		新パターン文 たたえ合うと、お互いをうまく動かせる 要所語 盛り上げ、即行動
4 身につけている	新パターン文 同時間で繰り返すと時間内にやれるようになる 要所語 即行動、慣れ	新パターン文 人から見られていると、かっこよく動こうとする 要所語 人目、盛り上げ	新パターン文 やるべきことを明確に指示すると動きやすい 要所語 明確化、即行動	

TRY!

経験パターンシート

経験（場面）1	パターン文1 （前半部）	パターン文1 （後半部）
経験（場面）2	パターン文2前半	パターン文2後半
経験（場面）3	パターン3文前半	パターン文3後半
経験（場面）4	パターン文4前半	パターン文4後半

TRY!

クロッシングシート

パターン文前半	パターン文後半	新パターン文
1	2	→
1	3	→
1	4	→

パターン文前半	パターン文後半	新パターン文
2	1	→
2	3	→
2	4	→

TRY!

クロッシングシート

パターン文前半	パターン文後半	新パターン文
3	1	➡
3	2	➡
3	4	➡

パターン文前半	パターン文後半	新パターン文
4	1	➡
4	2	➡
4	3	➡

TRY!

クロス結果表

パターン文前半／パターン文後半	1	2	3	4
1		新パターン文 / 要所語	新パターン文 / 要所語	新パターン文 / 要所語
2	新パターン文 / 要所語		新パターン文 / 要所語	新パターン文 / 要所語
3	新パターン文 / 要所語	新パターン文 / 要所語		新パターン文 / 要所語
4	新パターン文 / 要所語	新パターン文 / 要所語	新パターン文 / 要所語	

④ 自分のことばでまとめる

　インターロッキングの技法を使い、「仕事で感じた満足感」の全体をまとめていきます。

　インターロッキングは、すでに **PRACTICE** part でおこないましたが、簡便な方法だったので、ターム選びで戸惑った方もいたかもしれません。**SYSTEMATIC** part では、もう少し細かい手順を入れて、タームを探します。

ここまでの気づきの全体を感じる
→コンステレーションシート

■ コンステレーションシートに、クロス結果表の要所語の中から重要と感じられる語を書きとめます。

• 「この感じ」を感じながら、意味の近い語を近くに配置するように書いていきます。

• マイセンテンスやパターン文、新パターン文で使った語から重要だと感じられる語を拾い上げてもかまいません。意味の近い語を近くに書いていきます。

• よりうまく表現できる語はないか、いくつかの語をまとめて表現できる語がないかと探ります。あれば、その語も書いていきます。

ここまでの気づきの全体を感じる、
タームとつながりを探る、マイセオリーを創る

例：コンステレーションシート

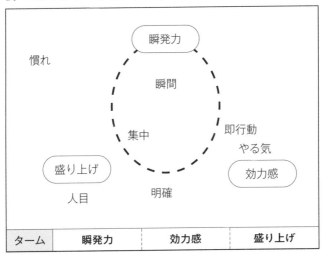

- クロス結果表の要所語の中から、「集中、明確、盛り上げ、やる気、瞬間、人目、即行動、慣れ」を拾い上げました。
- 「集中、瞬間、即行動」から**「瞬発力」**という語が思い浮かびました。
- 「やる気」を**「効力感」**と言い換えました。
- さらに**「盛り上げ」**が重要語と感じられるので、選択することにしました。

■ ある程度書いたら、全体を眺め、よく感じます。

■「この感じ」の全体を把握する語を3つ選びます。

- 3つは、コンステレーションシートの遠い位置にある語を選びます。

- 「この感じ」全体の大きさを感じる構えで、全体をつかむような感覚で選ぶとよいでしょう。

- ここで選ぶのは名詞がよいです。名詞でない場合は「　」で囲んで名詞として扱います。

■ 3つ選んだら、○で囲み、その語をタームとし、書きとめます。

　ここから先は、「ターム関連探索シート」に書き込みながらおこないます。

- 全体を把握する語として、「**瞬発力**」「**効力感**」「**盛り上げ**」を選びました。

TRY!

コンステレーションシート

【要所語の中から重要と感じられる語を書きとめ、
意味の近い語を近くに配置する】

【「この感じ」の全体を把握する語を３つ選び、○で囲む。
○で囲んだ語をタームとし、書きとめる】

ターム			

ぴったりの語（ターム）とつながりを探る
→ターム関連探索シート

◻ まず選んだ3語を2語ずつ「○は○である」の文型にあてはめ、「この感じ」に照らしながら修正し、「この感じ」における2語の関係を創りながら探ります。3つの文の意味することが、矛盾なくつながるように創ります。

◻ 次に、2語ずつ「○が○の性質をもつとしたら、それは何だろう」の文型にあてはめ、2語の間に新しい性質が浮かびあがってくるのを待ちます。

• あらかじめ正解があるわけではありません。「この感じ」を「ばくぜん」と感じながら、「それはなぜだろう」「どのようにそうなのだろう」など、自由に文型を変え、問い続けます。

◻ 何かに気づいた感じが生じたら、それが新しい性質です。その気づきの核心を1語で表し新タームとします。

• これは2つの語（ターム）のクロッシングです。「この感じ」に照らしながら探ることでメタファーを働かせ、ターム間に新しい性質を創りながら明確にしていきます。

• 3語（3つのターム）による把握が6語（6つのターム）による把握へと進化しました。

• 余裕があれば、2語の順序を入れ換えておこなうのもよいでしょう（ダブルウィングと呼びます）。この場合、新しいタームが6つ得られます。最初の3つと合わせて9つのタームが得られることになります。

例：ターム関連探索シート

選んだタームを A、B、C とする

「この感じ」を表現する 3つのタームを選ぶ	A 瞬発力	B 効力感	C 盛り上げ
ターム	「である」で 結んだ文	「この感じ」に照らし修正した文	
AB	瞬発力は 効力感である	瞬発力は、発揮されたとき効力感を最大にするものである	
BC	効力感は 盛り上げである	効力感は、それが得られたとき自分を盛り上げるものである	
CA	盛り上げは 瞬発力である	盛り上げは、瞬発力を出すために必要なものである	
ターム	「性質をもつと したら、、、」の文	左の文から気づいたことを 一語で表現し新タームとする	
AB	瞬発力が効力感の 性質をもつとしたら、 それは何だろう	瞬発力は外に現れやすいから、他人にも見え、効力感が得られる。外に現れる。 ➡新ターム：見える化	
BC	効力感が盛り上げの 性質をもつとしたら、それは何だろう	効力感は嬉しいものだから、自分が盛り上がる。自覚できる。 ➡新ターム：自覚	
CA	盛り上げが瞬発力の 性質をもつとしたら、それは何だろう	盛り上げは、山を作る。長くは続かない。ほどなく下る。達成点のみきわめ。 ➡新ターム：最大瞬間到達点	

※余裕があれば、BA、CB、AC もおこなうとよい。
（ダブルウィング）

- 「見える化」「自覚」「最大瞬間到達点」の3語（ターム）が得られました。

- 最初に選んだ「瞬発力」「効力感」「盛り上げ」と合わせ、6つのタームが得られたことになります。

次はいよいよ、最後のまとめ、インターロッキングです。

TAE思考法では、メタファーを使い生成したタームを論理的に破綻のない文に組みあげるという意味で使います。

選んだタームを使って「この感じ」を簡潔に表現してマイセオリーを創る→インターロッキングシート

最終的に結論を表現するタームを選びます。これまで使用した語の中から選びます。3つから始め、だんだん増やします。

◻ まず、3つのターム（O、P、Q）を選びます。

• タームA、B、Cとターム関連探索シートで得られた新ターム3つ（ダブルウィングの場合は6つ）の中から選ぶとよいでしょう。

◻ タームのそれぞれ（O、P、Q）を主語にし、気づいたこと（の中心）を、主語を変えて3回書きます。

• 同じ内容を違った言い方で3回書くことになります。

• 矛盾や破綻なく、うまく同じ内容が表現できれば、論理的に組み合わされたということです。

◻ 3つの文がうまく書けたら、その中でもっともうまく表現できている一文を選びます。

◻ 作った文を変えずに1語ずつ、新ターム（R、S、T、、、）を加えていきます。

• 加えるタームは、これまで使用した語の中から選びます。

○

例：インターロッキングシート

「この感じ」を表現する３つのタームを選ぶ	O 最大瞬間到達点	P 見える化	Q 効力感
主語	それぞれを主語として、気づきの核心を表現する		
O	**最大瞬間到達点**は、それが**見える化**されるとき、**効力感**につながる		
P	**見える化**は、**最大瞬間到達点**を**見える化**することであり、それにより**効力感**が得られるようにする		
Q	**効力感**は、**最大瞬間到達点**を**見える化**することにより、得られるようになる		

もっともうまく表現できている文を１つ選ぶ。①に書き写す

① **見える化**は、**最大瞬間到達点**を**見える化**することであり、それにより**効力感**が得られるようにする

①に、新ターム R を加え、②に書く。加えた部分に下線を引く

新ターム R：**瞬発力**

② **見える化**は、<u>**瞬発力**を発揮してもらい</u>、**最大瞬間到達点**を**見える化**することであり、それにより**効力感**が得られるようにする

②に、新ターム S を加え、③に書く。加えた部分に下線を引く

新ターム S：**集中**

③ **見える化**は、<u>**能力**が**集中**できる**工夫**をし</u>、**瞬発力**を発揮してもらい、**最大瞬間到達点**を**見える化**することであり、それにより**効力感**が得られるようにする

③に、新ターム T を加え、④に書く。加えた部分に下線を引く

新ターム T：**盛り上げ**

④ **見える化**は、**能力**が**集中**できる**工夫**をし、**瞬発力**を発揮してもらい、**最大瞬間到達点**を**見える化**することであり、<u>**相互**に**盛り上げ**</u>、それにより**効力感**が得られるようにする

加えたい語がなくなったら終了する。表現を微調整し、マイセオリーとする

マイセオリー
能力が**集中**できる**工夫**をし、**瞬発力**を発揮してもらい、**最大瞬間到達点**を、（学生）本人や周囲（の学生）に見えるように**見える化**し、**相互**に**盛り上げ**、**効力感**が得られるようにする

- ターム関連探索シートの6つ（ダブルウィングの場合は9つ）のタームが最有力候補ですが、コンステレーションシートの語から選んでもかまいません。
- 加える際には、意味が通るようにターム以外の語を加えますが最小限にします。
- 加える数に決まりはありませんが、全部で、7〜8つまでがよいようです。多くなりすぎないようにしましょう。

■ 意味が通りやすくなるよう、補足したり書き換えたりし、マイセオリーを創ります。

- 論理的ではありますが、いくらか不自然な文になっていることも多いものです。論理的なつながりを崩さないよう注意しながらおこないます。
- 冗長にならないよう注意します。短く簡潔にまとめます。

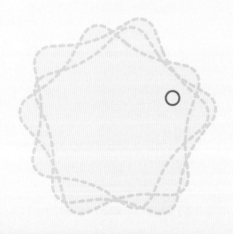

- ターム関連探索シートの6つのタームの中から5つのターム「**最大瞬間到達点**」（O）、「**見える化**」（P）、「**効力感**」（Q）、「**瞬発力**」（R）、「**盛り上げ**」（T）を選び、コンステレーションシートの中から「**集中**」（S）を選びました。
- 「この感じ」を感じながら丁寧に作ってきたタームが、インターロッキングにより論理的に破綻なくつながりました。
- 筆者が授業をうまくおこなうための「マイセオリー」ができました。これは、「私の授業論」とでもいうべきものです。

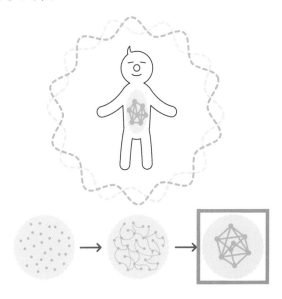

- ここで創った文を「**マイセオリー**」と呼ぶことにします。

マイセオリーとは

　「マイセオリー」は自分で創った理論という意味です。テーマとしている「この感じ」の核心を簡潔に表現した文です。「マイセオリー」は簡潔で明確な文です。

　時間をかけて丁寧に「この感じ」と照らし合わせながら創ったので、ことばになりきれなかった「ばくぜん」が豊かに含まれている明確な文です。

　過去の経験の微妙な細部が網の目のように巡り、そこから得られたさまざまな気づきがつながりながら散らばっています。「マイセオリー」は、そこに浮かびあがっている結節点をしっかりつなぎあわせたものです。「ゆくて」を明確に指し示す文です。

　喩えるならば、海中に設置されたブイの一群のようなものでしょうか。水面下でさまざまな豊かさがうごめき「ブイ」を揺らしています。しかし「ブイ」は流れていってしまうことはありません。しっかりとそこに留まり航海の安全を導きます。

　「マイセオリー」は創った当人にとって、今後の行動の指針にもなり、他人に伝えることができ、質問されれば答えられる一貫性をもっています。

これで、TAE思考法の手順は終了です。

人は、最善の変化を望む

……人は、今目の前に特定の何かを見るときに、さらにその詳細を望むのであるが、それに加えてその中にその最善の変化をも望むのである。（『プロセスモデル』2023，p.375）

ターム関連探索シート

テーマとしている「この感じ」とマイセンテンスを確認してから
始める

「この感じ」を表現する 3つのタームを選ぶ		A	B	C
ターム	「である」で 結んだ文	「この感じ」に照らし修正した文		
AB				
BC				
CA				
ターム	「性質をもつと したら、、、」の文	左の文から気づいたことをメモし、 一語で表現し新タームとする		
AB		➡新ターム:		
BC		➡新ターム:		
CA		➡新ターム:		

インターロッキングシート

「この感じ」を表現する 3つのタームを選ぶ	O	P	Q
主語 それぞれを主語として、気づきの核心を表現する			
O			
P			
Q			

もっともうまく表現できている文を1つ選ぶ。①に書き写す

①

①に、新タームRを加え、②に書く。加えた部分に下線を引く

新タームR：

②

②に、新タームSを加え、③に書く。加えた部分に下線を引く

新タームS：

③

③に、新タームTを加え、④に書く。加えた部分に下線を引く

新タームT：

④

加えたい語がなくなったら終了する。表現を微調整し、マイセオリーとする

マイセオリー

ふりかえり

**「マイセオリー」が「この感じ」と合っているかを
感じる**

みなさんのテーマは何だったでしょうか。

「私の営業論」「私の部下育成論」「私の事務作業効率化論」
「私の在庫管理論」、、、。さまざまな「マイセオリー」が可能
でしょう。

大切なことは、「マイセオリー」が、TAE思考法のテーマ
としてきた「この感じ」、つまり「仕事で感じた満足感」と
合っているかどうかです。もう一度、感じてみましょう。

そして、気づいたことを自由に書いておきましょう。

「マイセオリー」について、質問されたら答えられるで
しょうか。具体例を示せるでしょうか。自分の仕事を点検し
たり計画したりする上での指針が含まれているでしょうか。
何よりも、「マイセオリー」を読み上げるとき、「満ち足りた
感じ」が確かにあると、確かめられるでしょうか。

みなさんの答えが「イエス」であることを願っています。

「働きがい」をリアルに感じる

例：「能力が集中できる工夫とは何か」と質問されれば、これまでの経験から即座に具体的に答えられる。「効力感が得られるというのは本当か」と聞かれれば、学生の過去の制作物を引用しながらエビデンスを示せる。授業がうまくいかなかったときにも、「今日は見える化が足りなかったのか、それとも、盛り上げが足りなかったのか」と点検でき、新しいクラスを担当するときに「最大瞬間到達点をどのあたりに設定しようか」と計画することもできる。「うまくいったときの感じ」を感じながら、点検したり計画したりできる。「やれている感じ」「これからもやれる感じ」は「やりがい」といってよい。

TRY!

【気づいたことを自由に書く】

解説 全身感覚を言語化する TAE 思考法

TAE思考法は、「ばくぜん」とした何かを「これ」とつかむアプローチでした。そのために、全身感覚とことばを使用しています。全身感覚を言語化するアプローチといえるでしょう。つかめたとき、喜びの感覚が生じます。

繰り返し述べていますが、このプロセスは、AIにはできないものです。

全身感覚は、個人の中に生じます。自分だけの唯一無二のものです。そこから生まれることばは自分だけのものです。

ジェンドリンは次のようにいっています。

あなたの視点から世界を生きているのはあなたしかいない。あなたが感じる「さらに先にあるもの（the more）」を全く同じように感じる有機体はいない。……私はこう宣言する。私たちは単に相互作用をしているのではない。他の人々、世界、宇宙といった環境との、相互作用そのものであり、それ自体を感じることができる。私たちがそこから感じるものは、決して無ではないのである。（「TAE序文」2004, 筆者訳）

自分の感覚にぴったりのことばが見つかり、文として表現できると、自信が生まれ、前向きになれます。「生きがい」「やりがい」「働きがい」がリアルに感じられるのです。

日々の思考に漠然力を活用する
TAE思考法を

　読者のみなさんも、さまざまな機会にTAE思考法に取り組んでみてください。何かもやもや、うつうつ、いらいらするなあとか、いいアイデアがあるけど、いまひとつつかめていないな、などと感じるとき、TAE思考法を使うと、「ああ、こういうことだったんだ」「ようやくつかむことができた」などと何かをつかむことができ、つかもうとしていた「ゆくて」をはっきり感じる（つかむ）ことができるでしょう。

　本書で紹介したシートに書き込んでいくと、自然にTAE思考法が展開していきます。

　系統的に取り組むことが難しいと感じたときは立ち止まり、**LESSON** part や **PRACTICE** part に戻ってください。メタファーやパターンといった用語について確認したくなったときには、**THEORY** part を読み返してください。

　メタファーもパターンも、すでに私たちに備わっており、現に日々使っているものです。ジェンドリンはそれに名前をつけ、技法としてまとめたにすぎません。

　ジェンドリンは、次のことを強調します。

　TAEによって、考えることやその他の人間の真剣な活動が、決まった方法の標準的なステップに還元できると、主張して

いるのではないことを、明確にしておきたい。(「TAE序文」2004, 筆者訳)

　よい思考法は他にもあるでしょう。TAE思考法自体も進化し続けていきます。日々の思考の中に、思考法の1つとして、**漠然力**を活用するTAE思考法を取り入れてください。

　確実にいえることがあります。それは、私たちの身体は「生き続ける方向」を知っているということです。TAE思考法はそのことに気づかせてくれるすぐれた方法です。「生き続ける方向」とそこへと進んでいる自分が一体のものとして実感できます。

　あなたも、TAE思考法で「ゆくて」をつかみ、「生きがい」「やりがい」「働きがい」をリアルに感じてください。個人が「生きがい」をしっかりと感じながら生きることは、単に個人がよりよく生きるだけではなく、相互作用する環境が変化することでもあるのです。

　本書は、働く人、ビジネスパーソンを念頭に置き、書き進めてきました。「働きがい」は日々の仕事から立ち現れます。まずは、働き続ける自分を「ばくぜん」と感じてみましょう。希望であれ、違和感であれ、かすかな動きを感じたら、手放さずに大切にしてください。

　最後にジェンドリンの言葉を置き、締めくくりとしたいと思います。

TAEには社会的な目的がある

TAE には社会的目的がある。私たちは人間が相互に関わり合う世界をさらに構築していく。……私たちは新しい社会的パターン、新しい思考と科学のパターンを構築する必要がある。これは一個人では作り出せない人間相互の産物である。（「TAE 序文」2004, 筆者訳）

こんなとき、TAE思考法

for ビジネスパーソン

■就職、転職、異動、昇進などキャリアの節目に

EXERCISE 2　「感じ」を色で表現する

LESSON 1　　仕事は楽園（監獄、○○）だ

LESSON 2　　上司（同僚、後輩）はタンポポだ

PRACTICE 2　求める方向をつかむ

■メンタルヘルスが落ち込んだときに
（いらいら、うつうつ、もやもや……）

EXERCISE 1 1 2 3　リーフィングケア

EXERCISE 3 1　写真を感じる

EXERCISE 3 2　写真を響き合わせる

LESSON 1　　仕事は楽園（監獄、○○）だ

LESSON 2　　上司（同僚、部下）はタンポポだ

■オリジナリティのある、クリエイティブな発想・
アイデアを生み出したいときに

EXERCISE 3 1　写真を感じる

EXERCISE 3 2　写真を響き合わせる

PRACTICE 1 1　こだわりをつらぬく

PRACTICE 1 2　矛盾をとぎすます

PRACTICE 1 3　小さな違和感をとぎすます

PRACTICE 2　　求める方向をつかむ

■職場の人間関係に悩んでいるときに

    EXERCISE ❶ ❶-❷-❸   リーフィングケア

    EXERCISE ❸-❶   写真を感じる

    EXERCISE ❸-❷   写真を響き合わせる

    LESSON ❷   上司（同僚、部下）はタンポポだ

    PRACTICE ❷   求める方向をつかむ

■今期の振り返りと来期の目標設定の際に

    EXERCISE ❶-❶   リーフィングケア

    EXERCISE ❸-❷   写真を響き合わせる

    LESSON ❶   仕事は楽園（監獄、〇〇）だ

    PRACTICE ❶-❷   矛盾をとぎすます

    PRACTICE ❶-❸   小さな違和感をとぎすます

    SYSTEMATIC   働く私の「ゆくて」をつかむ

■ワークライフバランスの実現のために
（結婚、出産、育児、介護、プライベートの充実……）

    EXERCISE ❷   「感じ」を色で表現する

    LESSON ❶   仕事は楽園（監獄、〇〇）だ

    PRACTICE ❶-❶   こだわりをつらぬく

    SYSTEMATIC   働く私の「ゆくて」をつかむ

■キャリアアップを考えたいときに

    LESSON ❶   仕事は楽園（監獄、〇〇）だ

    PRACTICE ❶   違和感にとどまる

    PRACTICE ❷   求める方向をつかむ

    SYSTEMATIC   働く私の「ゆくて」をつかむ

こんな人に、TAE思考法
for ビジネスパーソン

■産休、育休取得者
- **EXERCISE①-①-②-③** リーフィングケア
- **EXERCISE③-①** 写真を感じる
- **EXERCISE③-②** 写真を響き合わせる
- **LESSON②** 上司（同僚、後輩）はタンポポだ
- **PRACTICE①-①** こだわりをつらぬく
- **PRACTICE②** 求める方向をつかむ

■新商品（企画、プロジェクト、ビジョン）担当
- **EXERCISE③-②** 写真を響き合わせる
- **PRACTICE①-①** こだわりをつらぬく
- **PRACTICE①-②** 矛盾をとぎすます
- **PRACTICE①-③** 小さな違和感をとぎすます
- **PRACTICE②** 求める方向をつかむ

■中間管理職
- **LESSON①** 仕事は楽園（監獄、〇〇）だ
- **LESSON②** 上司（同僚、部下）はタンポポだ
- **PRACTICE①** 違和感にとどまる
- **PRACTICE②** 求める方向をつかむ
- **SYSTEMATIC** 働く私の「ゆくて」をつかむ

■管理職、経営者
- **LESSON①** 仕事は楽園（監獄、〇〇）だ
- **LESSON②-③** 部下はタンポポだ
- **PRACTICE①** 違和感にとどまる
- **PRACTICE②** 求める方向をつかむ
- **SYSTEMATIC** 働く私の「ゆくて」をつかむ

文献

Gendlin, E.T. (1991). Thinking beyond Patterns: body, language and situations. In B. den Ouden & M. Moen (Eds.), The presence of feeling in thought, pp. 25-151, New York: Peter Lang.

Gendlin, E.T. (1997). Experiencing and Creation of Meaing : a philosophical and psychological approach to the subjective. Northwestern University Press. First published 1962 by The Free Press of Glcencoe.

Gendlin, E.T. (2004). Introduction to Thinking at the Edge. The Folio, 19(1),1-8（TAE序文）

Gendlin, E.T.& Hendricks. M. (2004).Thinking at the Edge(TAE) Steps, The Folio, 19(1),12-24（TAEステップ）

Gendlin, E.T. (2018). Saying What We Mean: implicit precision and the responsive order (Studies in Phenomenology and Existential Philosophy). Edward S. Casey & Donata Schoeller (Eds),Northwestern University Press.

Gendlin, E.T. (2018). A Process Model. Northwestern University Press. 村里忠之、末武康弘、得丸智子訳（2023）『プロセスモデル 暗在性の哲学』みすず書房

KUMON「日本の子ども達から世界中の人たちへ世界で受け入れられた公文式」https://www.kumon.ne.jp/corporate/world/background/index.html

日本女子体育大学「創立者 二階堂トクヨ」https://www.jwcpe.ac.jp/college_info/idea/founder/

末武康弘、諸富祥彦、得丸智子（さと子）、村里忠之 編著（2016）『「主観性を科学化する」質的研究法入門』金子書房

得丸さと子 著 中井梓左 イラスト（2008）『ＴＡＥによる文章表現ワークブック』図書文化社

得丸智子（2010）『ステップ式質的研究法』海鳴社

吉田智誉樹「巻頭言 こころの劇場」ファイナンス 2018年2月号, p.1 https://www.mof.go.jp/public_relations/finance/denshi/201802/html5.html#page=5

※URLは2024年3月3日閲覧

得丸智子（さと子）

開智国際大学国際教養学部教授。東京大学、上智大学大学院、東洋大学非常勤講師。日本生命保険相互会社勤務、日本女子体育大学教授、宮崎大学教授等を経て現職。博士（人文）。The International Focusing Institute（TIFI）Focusing Trainer、TAE Teacher。

2005年、ニューヨークにおけるワークショップにて、ジェンドリン本人より TAE を学ぶ。文章表現、日本語教育、心理・教育における質的研究など、日常生活での使用からアカデミックな活用まで、幅広い場面・分野での TAE の普及に努める。TIFI 主催の TAE Academy（2022/2024）、TAE-fest（2023）でワークショップ、Gendlin Symposium（2023）では featured speaker として招待され発表をおこなう。東京、札幌、大阪など日本各地の他、台北、上海でもワークショップをおこない TAE を紹介している。また、TAE 研究会を主宰し、TAE 関連のオンライン講座を企画、提供。TAE シンポジウムの開催など学術交流にも努めている。TAE 研究会：https://taetokyo.jimdofree.com

著書：『TAE による文章表現ワークブック』（図書文化社 2008）、『ジェンドリン哲学入門』（共著 コスモス・ライブラリー 2009）、『ステップ式質的研究法』（海鳴社 2010）、『「主観性を科学化する」質的研究法入門』（共編著 金子書房 2016）、『質的研究法マッピング』（共著 新曜社 2019）ほか
訳書：ジェンドリン『プロセスモデル』（共訳 みすず書房 2023）

ミズノ兎ブックス
mizunoto books

© 立命館大学白川静記念 東洋文字文化研究所

ブックデザイン　mg-okada
編集　　　　　池内邦子

漠然力で考える
ゆくてをつかむ TAE 思考法

2024 年 6 月 30 日　初版第 1 刷発行　　　　　〔検印省略〕

著　者　　　得丸智子

発行者　　　清水祐子

発　行　　ミズノ兎ブックス
〒302-0025
茨城県取手市西 2−1− F713 株式会社 APERTO 内
TEL /FAX 0297-73-2556

発　売　　フォレスト出版株式会社
〒162-0824
東京都新宿区揚場町 2-18 白宝ビル 7F
TEL 03-5229-5750
https://www.forestpub.co.jp

印刷・製本　　シナノ書籍印刷株式会社

＊本書の内容に関するお問い合わせは発行元のミズノ兎ブックスにお願いします。

定価はカバーに表示しております。